破局

中共赤化與國際覺醒

吳奕軍評論集

吳奕軍／著

Breakthrough

Contents 目錄

Part 3 歷史事件・見縫插針
武漢肺炎

識破中共赤化全球之棋局

開宗明義，這是本「抗中保台」之作。出版此書動機很簡單——中共赤化世界佈局已久，國際社會近年始知警惕，而今中共二十大之後必將加強赤化，提醒身處惡鄰大國旁的台灣，更須明辨局勢，武裝精神，提高戒備，知所惕勵。

2022 年 10 月，中共於二十大之後，放棄 1978 年以來中國據以致富的「改革開放」路線，以政權維穩取而代之，加速推動「內循環」，「閉關鎖國」態勢漸明。連向來對於維護歐中政經關係相當謹慎的中國歐盟商會（EU Chamber of Commerce in China）主席伍德克（Joerg Wuttke）都公開斷言，二十大顯示中國改革開放已經結束。

改革開放結束，中共赤化加速

中共總書記習近平在二十大高調立威，以及更動鄧江胡時代遵循的政權繼承規則之舉，雖然早已有跡可循，其刻意在全球媒體前展示的鬥爭手段與蠻幹狠勁，仍不免震驚國際。

此後，中共對內除了首重管控維穩與政權維安，更將加速推

動以「共同富裕」為核心的「中國式現代化」，橫徵暴斂搜刮民富的劃時代稅改勢在必行，實施多年的計劃經濟以及國進民退更將擴大範圍加速升級；對外，戰狼外交、文攻武嚇、分化滲透、認知作戰等赤化攻勢，也將變本加厲，

中共對於赤化全球的這盤棋早已佈局多年，範圍包山包海，除了經營共產黨向來高度重視的文宣傳媒，還深入產官學研等各大領域。

例如，藉由「千人計畫」為主的多種補助計畫，攏絡學者力挺中共，或者滲透先進研究機構、剽竊智慧財產；投資知名智庫安插高管學者影響評論；力捧親中名流政要作為「中國好朋友」、吹噓「中國好故事」；利用經商漏洞大舉摸透地盤購置物業；投資知名學者組成「戰略專家」親中統戰陣線；投資大學等學術機構與學者以培植「在地協力者」；以龐大市場紅利誘因與高額優惠補貼收買大型國際企業，讓動見觀瞻的主管在關鍵時刻幫中共帶風向⋯⋯步步進逼，鋪天蓋地。

當今數位時代，中共更是積極利用數位科技工具作為赤化全球的重要戰略武器，技術與效果大幅升級，規模更為驚人，影響更為深遠。

例如，以黨國資源以及高額補貼扶植華為等企業，低價搶佔多國 5G 基礎建設；積極與 Google 等數位科技巨擘在高度敏感的 AI 領域進行合作，伺機竊取高階機密；大量輸出中國獨創的數位監控工具，甚至連習近平都在國際會議演說時推銷防疫「健康碼」升級版——所謂「國際健康碼」。

此外，早已橫掃全球市場的中國製無人機在各國執行任務多年，飛天遁地如入無人之境；影音平台抖音（Tik Tok）則如色彩

誘人的糖衣毒藥，以娛樂包裝深入影響全球數億用戶心靈，早已不限年輕族群，縱使有來自美英歐盟甚至印度等多國情報單位警告抖音風險，甚至具備情報主管專業背景的美國前國務卿龐佩奧卸任後仍不斷示警，然而至今仍是各國重大國安難題，用戶忘情於玩樂之餘幾乎毫無戒心。

利用歷史悲劇，無所不用其極

近年國際發生武漢肺炎與俄烏戰爭等足以改變歷史進程的重大悲劇，不僅導致無數死傷，對於世界民生經濟更是影響深遠，中共卻猶如見獵心喜，不忘趁機見縫插針，利用大量假訊息認知戰分化國際社會，藉以擴大黨國影響力。

三年前，空前大瘟疫武漢肺炎爆發，敲響中共多年來滲透國際組織危及全球秩序之警鐘，凸顯中共破壞疫情源頭並且公然甩鍋、阻止國際專家調查之惡劣行徑，同時因為操弄疫苗外交與假訊息，惹怒深陷疫情的義大利等多國，呼籲群起追究中共責任，並且「停止向惡霸叩頭」，此外，疫情導致全球供應鏈重整，全球化崩解，「去中國化」大勢已定。

在俄烏戰爭悲劇方面，長期以來對於中共過度天真的烏克蘭終究被出賣，自二月底開戰三季以來，習近平仍然未曾指責普丁侵烏罪行，中共甚至大量操弄假訊息認知戰，例如宣稱俄軍撤退後棄置在烏克蘭布查街上數百具屍體是騙局，並且在台灣親中媒體與網路大肆炒作，尤其利用抖音幫俄羅斯傳播大量假訊息，抖音儼然成為「武器化」的社群平台。如今烏克蘭朝野終於察覺，中共對烏克蘭所謂的「戰略夥伴關係」，只是一場兩手策略的騙局。

其他，諸如培植國際媒體配合親中大外宣、以一帶一路債務陷阱腐化參與國籍機併吞資源、對香港的蠶食鯨吞，都是中共赤化全球的明顯案例，遺憾限於篇幅，相關多篇文章未及編入。

黑手囂張現形，反共已成趨勢

習近平政權捨棄鄧江胡以來韜光養晦戰略，加速赤化全球，耀武揚威毫不掩飾，甚至多次刻意對美國拜登政府叫囂嗆聲，以公開惡言相向凸顯所謂兩強爭霸之宣傳印象，反而導致美國為首的民主自由同盟國家群起高度警惕。

2018 年美國川普政府揭發中共蓄意危害國際貿易之「七宗罪」，加重抨擊中共力道，發動美中貿易戰。隨後，美國前總統川普以及副總統彭斯多次嚴正警告中共赤化全球，發表象徵新冷戰的「新鐵幕演說」；龐佩奧在柏林演說批評中共打造新威權主義；前白宮貿易顧問納瓦羅則警告「致命中國」將隨武漢肺炎現形，鼓勵製造業重返美國。

在國安情報方面，美國 FBI 局長揭露中共遽增「惡意外國影響力」，持續發動對美攻勢，美國國會也多次促查中共大外宣媒體的多元滲透，多家知名智庫紛紛警告中共長期赤化美國重要機構猶如「幫中國擦槍」。

美國拜登政府上台之後，以異於川普的方式串連盟國持續施壓中共，並且加強與台灣官方交流。而在中國江河日下並且加速極權專制之際，知名親中外商美國貝萊德與日本軟銀等等，紛紛轉向而去，淡出中國。

近年中國內外交迫，遠不如經濟蓬勃時期之盛氣，顯得疲憊焦躁，狼狽不堪。對內，深陷種種鉅額債務危機，經濟萎縮加上

武漢肺炎以及國際制裁之摧枯拉朽，當局幾乎束手無策，只能窮忙亂開偏方，同時不忘加強箝制言論、宣傳精神勝利；對外則持續「農村包圍城市」赤化民主自由國度，利用一帶一路等搜刮資源，橫掃全球糧食與防疫資源囤貨居奇，甚至作為政治工具，任由國內經濟風暴波及海外，以威逼利誘霸凌澳洲等多國，粗暴撕毀承諾鎮壓香港。

如今中共深入各國之「黑手」已然現形，包括歐盟與北約等綏靖中共已久的國家與組織如夢乍醒，籌組抗中聯盟，中共恣意撒野的戰狼外交無視國際基本禮儀，深受厭惡、一敗塗地，恐將更加虛矯與偏激，甚至趨向暴戾。

從中共加強赤化全球，到國際社會提高警惕，近三年變局相當戲劇化，卻是場讓全球付出慘痛代價的時代悲劇，短期之內難以落幕──我們或許正以冷眼凝視這場悲劇，卻從未放棄尋思解惑的熱心。

本書精選近三年 62 篇專欄文章，平均每篇讚數逾 2600，應有相當參考價值。期待書中故事案例以及脈絡評析，能在此特殊時刻提供彼此反思與共勉，並且留下歷史見證。

吳奕軍　記於台北圓山 2022 年 11 月 25 日

Part 1

產官學研・全面滲透

美研究機構遭中共滲透，「千人計畫」僅是冰山一角？

　　美東時間 11 月 19 日，美國參議院調查委員會舉行聽證會，揭露多位涉及中共「千人計畫」的學者任職於許多美國聯邦研究機構。日前美國參議院常設委員會也在最新報告揭露，中共千人計畫招募了七千多名在美國工作的學者專家，相關威脅導致美國國會再度呼籲深入調查。

　　美國參議院常設調查小組委員會（Senate Permanent Subcommittee on Investigations）在主題為「確保美國研究機構不受中國人才計畫的入侵」聽證會上指出，僅只美國國家衛生院（NIH）就有高達 140 多名學者涉及中共千人計畫而遭到 FBI 調查。目前，NIH 已經聯合數十家科研機構嚴查科研經費申請人。

　　美國聯邦調查局（FBI）官員表示，雖然加入計畫不犯法，但是中共千人計畫別有用心，加入者需配合中共，把在美國的研究成果與情報傳到中國，已涉嫌違反經濟間諜、盜竊商業機密和資金詐騙。

千人計畫滲透已久

　　美國參議院常設委員會 11 月 18 日公布調查報告，詳細揭示過去多年來，中共利用千人計畫剽竊美國科研成果，參與者從中

獲取中共豐厚獎勵。報告強調，「二十年來，美國納稅人無意間資助且壯大了中共的科學研究、經濟發展和軍事武力。」

這份報告由美國「國土安全與政府事務委員會」常設調查小組起草，共和黨參議員波特曼（Rob Portman）擔任委員會主席。調查發現「美國稅收所資助的研究卻促進了中共全球發展」之怪象，顯示中共千人計畫招募了許多美國機構的研究人員，而這些機構並未設防。

根據這份報告，波特曼和民主黨參議員卡波（Tom Carper）將提出法案，防範中共不僅濫用美國學術研究、智慧產權和納稅人心血，還反過來威脅美國。

這份長達百頁的報告題為「中國千人計畫：對美國研究機構的威脅」，內容指出中共從 1990 年代末開始，便以高薪、經費、研究設備等「獎勵」，換取美國大學實驗室等研究機構的智慧產權，然而這些機構大多主要由美國政府資助。中共系統化地經由贊助來竊取美國研究成果，據以發展中國經濟與軍事，美國政府竟然長期沒有反應，迄今受害深遠。

報告顯示，中共藉由 200 多個贊助專案，利用美國的開放性進行滲透與竊取，甚至以高薪厚祿引進多國專家，傾力追求於 2050 年成為世界科技大國的目標。FBI 特別提醒，中共從 2008 年到 2020 年投資相關專案約 2 兆美金，相當於 GDP 的 15%。

報告並且批評美國國務院、能源部、商務部怠忽職守，指出國務院未警惕與追蹤中共人才計畫，無視竊取智慧產權的潛在危險。能源部已確定有數百名人員參與千人計畫；商務部則批准大批中國公民從事高度敏感的技術研究。例如，委員會在審查了 2000 人後發現，其中 20 人直接參與人才計畫，150 多人與有中

15

共軍方背景的大學有關，60 多人與中國科學院有關。

以美國能源部爲例，參議院發現多位千人計畫學者在能源部的國家實驗室參與機密研究。有位學者以中國公司名義，將美國國家實驗室的研究成果拿來申請專利，明目張膽地剽竊科研成果；另一位學者則從實驗室私自下載 3 萬多份重要文件，準備攜回中國之前被逮。

報告指出，在中共控制下，千人計畫學者須與中共指定的研究機構簽約，以換取豐厚報酬，並且不得表明參加此計畫。然而，美國規定學者若申請研究經費，必須告知是否得到外國政府資助，中共的千人計畫無異於利誘與唆使參與學者，向美國政府與機構行騙。

千人計畫地下化

中共的相關攬才計畫源自 1990 年代，於 2008 年底積極重整，以「千人計畫」之名高調宣傳，曾經鋒芒畢露。中共曾於相關官網與各大學官網大肆宣揚，不到十年共招募了 7 千多名國內外高端科技人才，涵括政經社會等領域。招募對象主要針對華裔海外人才，但不乏外國專家，還招攬多名諾貝爾獎得主作爲閃亮招牌。

根據台灣陸委會掌握，有 30 多名台灣學者專家加入中共千人計畫，其中最知名案例發生在 2014 年馬政府時代，前中央大學遙測專家、通訊系統研究中心主任陳錕山加入千人計畫，離職投共，到中國科學院的遙感科學實驗室上班。台灣情報單位事後發現，台灣許多國土安全資訊、國安系統衛星影像等極機密情報與技術，被陳錕山竊取給中共。台灣教育部近期對千人計畫學者

的問題則相當低調。

　　然而，在美中貿易戰、舉世提防中共銳實力擴張及「中國製造 2025」之後，美國當局盯上千人計畫，並以間諜等罪名拘捕相關華裔科學家。去年 9 月，美國傳出 FBI 已將千人計畫學者列為調查重點，多位學者被捕，此後千人計畫被輿論譏為「入獄計畫」。

　　中共於是進行管控，主管千人計畫的中共中央委員會組織部嚴令禁止在各式公告文件明確提到「千人計畫」字眼。去年 10 月起，千人計畫相關公開訊息與專家名單大量消失，中國各大學與研究機構也撤下原本張揚的千人計畫消息。中外輿論與美國當局多認為，中共的千人計畫仍在進行，但轉趨低調與地下化。

　　千人計畫只是中共紅色滲透的冰山一角，執政當局自應加速嚴防。正如出席聽證會的共和黨參議員羅姆尼（Willard Romney）所擔憂，急需更多單位協力防範，如果僅只依靠學術機構審核科研條件與學者背景，對千人計畫等問題只是治標不治本。羅姆尼警告，「有成千上萬的人想要從美國偷竊技術，現在只有個位數的人被起訴，可能還不到 1%。」

2019 年 11 月 22 日

02

暗箭難防？中共滲透美國智庫，
美國務院要求公布外資實況

　　長期以來，中共滲透多國智庫以及學術機構已不是新聞，而且越演越烈。尤其在美國，知名智庫、大學以及學者，已經明目張膽爲中共進行宣傳。爲此，美國國務院 10 月 13 日要求與國務院往來的智庫與學術機構，應該上網公布接受外國政府資助之實況，以作爲合作之重要依據。

　　美國國務卿蓬佩奧（Mike Pompeo）在聲明中，點名中共與俄羅斯透過智庫與專家惡意影響美國外交政策。爲了「保護公民社會機構的完整與誠信」，要求與國務院來往的智庫等組織，必須公開披露外國政府資助訊息，包括來自國營附屬單位的資助。

保護公民社會機構的誠信

　　多家媒體轉述《華盛頓自由燈塔》（The Washington Free Beacon）報導，美國智庫「彼得森國際經濟研究所」（Peterson Institute for International Economics），在 2010 年至 2018 年之間，曾經接受中國華爲公司約 40 萬美元資助，促其爲華爲以及中共當局宣傳，並且協助中共發表反對美國政策之言論。據傳，該研究所亦另從香港親共富豪以及中共組織取得數十萬美元資助。

　　對此，美國共和黨參議員霍利（Josh Hawley）曾於今年 5 月

底表示，在過去 20 年來，中共已經整合經濟和安全戰略，系統性地武裝全球經濟機構和作業程序，美國對此卻反應遲鈍。霍利當時批評，彼得森研究所積極幫助中共吸收接受北京觀點的美國精英，包括華府的智庫研究員以及大企業董事，並且強調：「中共是對所有自由人民的威脅，它追求的就是統治，它想得到的就是全世界的權力。」

蓬佩奧指出，國務院為促進美國利益，與學術界、智庫和各種外交事務專家保持密切聯繫、歡迎各種意見。他也表示：「我們必須小心」，因為智庫在外交事務的角色特殊，更凸顯了外國資助透明化之重要性。國務院的要求「並非規定」這些機構披露外國資金資訊，但會作為國務院決定是否合作之依據。聲明強調，此時公布這些機構的資金來源，顯得比過去任何時候更為重要。

中共（或中資）涉嫌滲透知名智庫由來已久，對中共與相關利益共同體而言已非祕密。兩年多前，我曾發表一篇論及以親中共聞名於世的前澳洲總理陸克文（Kevin Rudd），在遠離澳洲政壇後轉任於美國智庫要職的文章，可見一斑。

陸克文在亞洲協會持續中國夢

.　2007 年，50 歲的陸克文代表工黨，以壯年活力形象擊敗長期執政的霍華德（John Howard），當選澳洲總理。其親共立場以及鼓吹中國市場為其勝選主因，然而陸克文執政後內憂外患不斷，短短三年任期未滿，就於 2010 年被同黨同志趕下台。

其後，根據維基解密中國密件，陸克文下台主因為介入中國派系利益，在澳洲礦砂鉅額交易與北京回扣之間擺不平，上海派

系把陸家涉及不當獲利的證據交給同黨政敵，使得陸克文閃辭。澳洲當局察覺，北京可能利用高額投資滲透澳洲高層與國防機密，開始對北京提高警戒。

陸克文 2013 年宣布退出澳洲政壇轉赴美國，但在國際仍以自居中共橋樑沾沾自喜，被暱稱爲「中共前駐澳書記」。2014 年陸克文被美國紐約智庫「亞洲協會」（Asia Society）聘爲政策研究所首任所長，這個看似顯赫的職位是該智庫爲他量身訂做的。2017 年陸克文還到英國牛津大學讀博士班，研究主題竟是「習近平的世界觀」，儼然是中共與習近平大粉絲。

知名智庫「亞洲協會」爲 1956 年由美國洛克斐勒家族創辦，而今早已不是以前的「亞洲協會」。2018 年，該智庫兩位聯席主席之一，爲香港親共富商、香港最大地產集團董事長，身兼中共國務院中國發展研究基金會顧問。

陸克文以「亞洲協會」政策研究所所長以及澳洲前總理之名號，爲「中國夢」努力不懈，包括唱衰美國、譏諷當今澳洲政府之抗中政策，甚至美化習近平以及中共政權。此外，2018 年 3 月在美國西點軍校演說時，還盛讚習近平超越鄧小平，是毛澤東以來最強的中共領導人；多年來更努力宣傳「一帶一路」，稱之爲偉大的「泛亞歐大陸基建計畫」，並稱讚中共在南海的擴張是「大戰略」。

美國保守派智庫「哈德遜研究所」（Hudson Institute）中國戰略中心主任、美國國防政策顧問白邦瑞（Michael Pillsbury），2018 年曾經發表《中共對外干預活動：美國等民主國家如何應對》報告，警惕「跟共產黨跑的西方人」助長中共國際擴張。

報告指出，中共在海外每年花費約百億美金向民主國家擴大

影響力，其中投資知名智庫，甚至設立偽智庫進行大外宣，正是主要模式之一。對此，白邦瑞強調正統智庫應該認真研究所謂「Western Enabler」（樂於與中共合作的西方人士），並且呼籲國會與政府加強立法防禦。

　　從蓬佩奧近期對智庫與外資關係的釐清，到回顧陸克文與「亞洲協會」之案例，以及白邦瑞與哈德遜研究所之報告，對於台灣產官學研常見的「跟著共產黨跑」的現象，足堪借鏡。

2020 年 10 月 16 日

03

唯季辛吉配合習近平統戰
喜不自勝

　　尼克森以及福特政府時代美國前國務卿季辛吉（Henry Kissinger）上月底警告，美中兩國必須互相理解，否則和平繁榮恐將不保，世界將面臨「第一次世界大戰前的危險」。由於中共的「老朋友」季辛吉早已被視為「擁抱熊貓」的領軍大老，此說迅即引起輿論兩極反應。

早被視為「擁抱熊貓」領軍大老

　　拜登政府上任前後，中共加速積極遊說美國政商高層以保護中共政權利益。「巧合」的是，高齡 97 的季辛吉在 3 月 20 日以視訊出席「中國發展高層論壇 2021 年會」，針對美中關係重彈老調，強調美中兩國在新的全球秩序達成共識，才能確保世界局勢穩定，否則世界將面臨有如第一次大戰前的危險時期。

　　季辛吉表示，美中兩個偉大的社會，各有不同的文化與歷史，對一些事情看法難免不同，但是現代科技、全球化傳播與全球化經濟，需要兩國加倍努力合作，因為世界的和平與繁榮取決於兩國之間的理解，強調「世界工業科技大國之間、美中之間，積極的合作相當重要。」

　　此外根據《路透社》報導，季辛吉 3 月 25 日也在倫敦重要

智庫「皇家國際事務研究所」（Chatham House）的視訊會議中表達上述意見。

季辛吉表示中國越來越強大，在國家控制下，其技術進步能力令人讚歎，但這不代表本世紀中國會在所有技術上都領先全球。並且警告美國「要與中國這樣的競爭對手談判很難，問題是，中國不一定會接受新秩序。」

不令人意外的是，季辛吉這幾次的發言，一如以往不會提及中共在國際引起軒然大波的惡行劣跡，包括粗暴沒收香港民主機制、新疆種族滅絕與集中營、擴充南海軍備、剽竊高科技產權等，也不會提到中共外交領導人楊潔篪在阿拉斯加會議對美國國務卿以及國家安全顧問的囂張謾罵。對季辛吉而言，只是再次印證維護中共利益始終是他心之所繫。

季辛吉發言之後沒多久，現居台灣的美國在臺協會（AIT）前處長（2009-2012）司徒文（William Stanton）在台灣的英文媒體發表兩篇文章，以其曾任美國資深外交官的角度，揭露季辛吉數十年來引領美國退休政要、政商權貴赴中國淘金的「祖師爺」地位，直到川普政府時代，在國務卿蓬佩奧與白宮副國家安全顧問博明的對抗中共政策主導下，美國政商高層深受中共影響的嚴重性更受到矚目。

現任台灣國立陽明交通大學副校長的司徒文，4 月 9 日在《Taiwan News》發表「具影響力的中國代理人」（Agents of influence acting on behalf of China）一文評述季辛吉，開宗明義指出，「季辛吉是中國最重要的粉絲」（Henry Kissinger: The PRC's greatest fan），認為在季辛吉當年主導下，美國對中國的外交承認幫助中國蓬勃發展，至今中國卻已成為威脅美國及盟友的主要

戰略競爭對手，當年美國以犧牲台灣為代價，至今台灣卻成長為全球模範民主國家與科技奇蹟，而季辛吉對台灣甚至一無所知。正如已故外交史學者唐耐心（Nancy Bernkopf Tucker）在著作《海峽談話》（Strait Talk）描述，「季辛吉顯然只是對中國有興趣，……季辛吉認為台灣無關緊要，僅此而已。」

中國政商買辦事業祖師爺？

不過對於中國，司徒文舉例描述季辛吉簡直是「單相思」（An unrequited love），而且一生「大部分職涯都在奉承中國人」，顯然以為這樣可以贏得中共青睞，但是「從中國人的角度來看，當然只是在利用他。」

此外，司徒文在 4 月 10 日發表的另一篇文章「美國領導人們通常最能為中國的利益提供服務」（US leaders have often best served China's interests）提醒，中共有效地利用美國退休官員影響對中政策，而且想在中國淘金的美國企業領導人也會向這些前官員支付高額「顧問」費用，以謀求與中國高層洽商的機會。

司徒文以美中關係作家曼恩（James Mann）的著作《中國幻想：為什麼資本主義不會為中國帶來民主》（The China Fantasy: Why Capitalism Will Not Bring Democracy to China）所述為例，提到美國兩黨部分政治人物卸任後擔任有償顧問，將覬覦中國市場的美國企業執行長介紹給中國官員，季辛吉的「季辛吉顧問公司」（Kissinger Associates）便是此道先驅，而例如已故前國務卿海格（Alexander Haig）、前國務卿歐布賴特（Madeleine Albright）、前國防部長科恩（William Cohen）和前美國貿易代表希爾斯（Carla Hills），這些曾經主掌美國外交、軍事、貿易的前高官，都成為

季辛吉中國買辦事業的追隨者。

　　曼恩在這本 2007 年出版的書中強調，美國人必須認知經濟自由化不會導致中國的政治自由化，美國對中政策需要改變。

　　即使已屆 90 多歲高齡，季辛吉似乎仍然不減對中共的愛。2018 年 11 月季辛吉在美中貿易戰高峰期間「可能最後一次」訪中，中國國家主席習近平在北京人民大會堂隆重接見，讚揚這位「中國人民的好朋友」為中美關係的貢獻，呼籲美國當局應與中方「相向而行」，只見季辛吉樂於在旁配合習近平統戰，喜不自勝。

　　這位據聞造訪中國上百次的美國政壇大老，一生貢獻恐怕已確定屬於中國，而非美國。

2021 年 4 月 17 日

04

中國富豪昔日高調訪台搜地，
而今人人自危安在哉？

　　中國房企龍頭恆大集團金融危機近日愈演愈烈，勢必波及同業，其實中國眾家房企巨頭近年風波不斷，難免深陷負債漩渦。此時亂局也令人不禁憶起，2008 年以金主之姿高調訪台搜地、地方首長爭相逢迎招商、掀起台灣輿論旋風的中國九人富豪團，而今安在哉？

　　奈何物換星移，十多年前在台灣轟動一時的這團富豪，早已非當年勇。有被「國進民退」者，有江山不保移居美國者，有早已因詐欺潛逃海外被逮入牢獄者，有撐到今天猶如恒大為巨額債務所苦者，面對困境，無一倖免。

高調富豪團，已非當年勇

　　2008 年 4 月 21 日下午 3 時，中國地產大亨富豪團風光飛抵台灣桃園國際機場，媒體宣稱這是史上來台考察房市含金量最高的中國團，九位老闆總身價據稱達五千億台幣，另有媒體宣稱總值上兆。

　　當年此「陸港房地產企業家台灣考察團」，由前鳳凰衛視行政總裁、董事長暨中城樂天房地產開發董事長劉長樂率領，同行富豪有 SOHO 中國主席潘石屹和執行長張欣夫婦、廣州富力地產

董事長李思廉、北京萬通地產董事長馮侖、雅居樂地產執行長陳卓賢、棕櫚泉控股公司董事長曾偉與執行董事楊蓉蓉夫婦、河南建業地產董事長胡葆森。

這些富豪最近較受到媒體矚目的是 SOHO 中國的潘石屹和張欣夫婦，高調的潘氏夫婦發達以來，出書造勢辦攝影展樣樣不少，還為彰顯品味，聘請已故伊拉克裔英國建築大師札哈‧哈蒂（Zaha Hadid）設計巨型旗艦建築，並且捐上千萬美元給美國哈佛、耶魯等名校，以助二子順利申請入學。

然而，因為中國房市變化等因素，加上紅二代富豪好友「任大砲」任志強或因言得罪習近平遭判入獄 18 年，傳聞潘氏夫婦難掩焦慮，想辦法變現移民之流言不斷。連「別讓潘石屹跑了！」都成了中國網民與媒體的流行語。

幾經周折，近期媒體登出 SOHO 中國售予黑石集團一案失利，並且被中共當局立案調查，但潘氏夫婦竟仍高調悠哉在美國紐約看網球公開賽，雖然在香港掛牌的 SOHO 中國股價持續暴跌，已是資不抵債，潘氏夫婦失掉事業江山，卻看來真的跑成了，當然也回不去了。

今年 2 月 10 日香港鳳凰衛視驚爆人事大地震，有中共解放軍背景的創辦人劉長樂以及其家族完全退出公司管理團隊，劉長樂被辭任董事長和行政總裁，並出清持股。《美國之音》曾援引評論指出《鳳凰衛視》本來就是中共的，只是現在不用再演了。

當時據報，劉長樂在香港配合中央調查組進行調查，遭到 24 小時全天候行動監視。劉長樂被查主因與中國銀行等金融機構有不當關係，加上鳳凰金融業務資金斷鏈，鳳凰金融平台用戶曾達約近七萬人，借貸餘額高達 98 億元人民幣。

現年 70 歲的劉長樂曾兼任中國全國政協常務委員，是上海紅二代，年輕時曾任中央人民廣播電台軍事部記者。1996 年在他 45 歲時創辦鳳凰衛視，一直對外自稱是香港媒體，實爲中共宣傳機構。

台灣《中央社》6 月底報導，劉長樂將以 760 萬美元（約合台幣 2.12 億元）出售他在美國洛杉磯的豪宅，然而外界不明劉長樂是否已經移居美國。如今鳳凰衛視已被中資入股全面管控。

深陷困境，無一倖免

根據《自由亞洲電台》9 月 10 日報導，中國河南地產龍頭「建業集團」因出現重大風險向官方緊急求援，與恒大集團深陷困境相似。建業集團董事長胡葆森向河南省高層發出緊急求援報告，內容指疫情和 8 月中旬的洪災對該集團造成超過 50 億人民幣之損失，危機將涉及員工 2.8 萬人和三百多個建案，產業工人 120 萬人恐怕失業，並爆發金融風險。

多次訪台並接受台灣媒體訪問的萬通董事長馮侖，前年底自爆 60 歲的他接到通知「被退休」，每月只能領退休金 8,000 元人民幣（約合台幣三萬四千元），自嘲「連跳廣場舞的老太太都看不起」。

馮侖在 1991 年創辦萬通集團，未經幾年資產激增超過三十億。生性幽默文采斐然的馮侖，還調侃不少民企負責人變成「兩院院士」，不是被中共關進「法院」，就是進了「醫院」，離開兩院的人討論最多的業務是「風險控制」。

棕櫚泉董事長曾偉際遇悲慘，訪台當年帥氣多金的曾偉是 40 多歲的青年才俊，2010 年因涉嫌行賄被香港拘捕、次年棄保潛

逃，2014 年初在塞班島被捕遣返入獄。

　　雅居樂地產執行長陳卓賢訪台時僅約 40 歲，其兄董事長陳卓林於 2014 年 10 月被中共「監視居住」，雅居樂當時在香港股市被停牌，事業不保，可能原因除了財務困境，另涉嫌與周永康的複雜關係。

　　廣州富力地產董事長李思廉一度相當風光，是當年訪台團首富，當時身價近一千六百億，近年卻也深陷資不抵債以及大量高利貸危機，未見曙光。

　　當年「陸港房地產企業家台灣考察團」，在台灣從南到北接受地方首長與富商接待與簡報，大批媒體隨行採訪，相當風光，但未促成任何投資案。如今曲終人散，映照了近年政商環境之巨變，以及「十年河東、十年河西」之無常。

2021 年 9 月 17 日

哈佛教授李柏被冠上
「戰略科學家」的背後

　　哈佛大學教授、前生化系主任李柏（Charles Lieber）因為對美國政府隱藏參與中國「千人計畫」，起訴兩年後，近期被判有罪，恐遭遇罰款與五年監禁，沉潛一時的中共「千人計畫」，其衝擊再度受到矚目。

　　曾獲化學界最高榮譽「沃爾夫化學獎」肯定的美國知名奈米科學家、哈佛大學教授李柏，曾經參與中國「千人計畫」領取高額報酬，卻違法隱瞞美國政府當局，美國麻州波士頓聯邦法院陪審團於 12 月 21 日認定六項罪名全部成立。

　　美國《華爾街日報》報導，中國近年頻頻經由美國大學院校盜取尖端研究成果，美國司法部高度重視，而本案是美國打擊中國竊取智慧產權的關鍵指標判例。

李柏曾經否認參與「千人計畫」

　　美國助理檢察官德拉比克（James Drabick）指出，本案涉及兩起虛假陳述、兩起虛假納稅申報單、兩起設在中國的未申報金融帳戶，美國國防部刑事調查人員曾在 2018 年詢問過李柏是否和「千人計畫」有關，李柏當時否認。

　　根據美國司法部發布的檢方聲明，李柏於 2008 年至 2019 年

獲得美國聯邦研究補助高達 1500 萬美元，又在 2011 年獲聘爲中國武漢理工大學「戰略科學家」，至少曾在 2012 年至 2015 年參與「千人計畫」，每個月領取 5 萬美元薪資外加 15 萬美元的生活費，另獲中方補助 150 萬美元在武漢理工大學成立與營運「實驗室」，名爲「武漢理工大學－哈佛大學奈米聯合重點實驗室」，而哈佛大學對此毫不知情。

對於中方優渥待遇，李柏必須同意代表武漢理工大學進行研究、申請專利、發表學術文章、組織國際會議等等。

中共利用「千人計畫」招聘在國際有學術成就的外國以及華裔學者，從 2008 年開始實施至 2018 年，約 10 年來曾經吸收七千多名國際學者參與，然而從川普政府以來被認定是中國竊取先進國家智慧產權的戰略，美國司法部推出「中國倡議」（China Initiative）等計畫加強管制。

川普政府時期開始，美方指責中國政府利用「千人計畫」，以豐厚報酬和研究資金引誘國際科學家和學者與中國分享研究成果，並且竊取外國智慧產權以及學術機密。

波士頓檢察官指出，李柏故意隱瞞曾經參與「千人計畫」，該計畫已被美國認定爲重大安全問題。檢察官指出，李柏對於參加「千人計畫」的角色以及與武漢理工大學的關係對政府撒謊，而且並未依法申報在中國的收入。此前李柏曾經獲得美國國家衛生研究院和美國國防部高達 1500 萬美元資助，依法必須披露利益衝突，特別是來自外國政府或組織的資助與合作。

《華爾街日報》引述李柏去年初被捕後接受聯邦調查局審訊的影片，當時李柏坦承「金錢是巨大的誘惑。這是中國用來引誘人的東西。」卻堅稱與中方合作主要是希望得到學術認可，強調

「每個科學家都想贏得諾貝爾獎。」

中共以名利引誘國際學者

美國司法部於 2020 年 1 月指控李柏，7 月正式起訴。李柏被捕後對聯邦調查局指出，他當年與武漢理工大學接觸時還年輕「很傻」，以為會提高聲望。李柏在 2013 年到 2014 年的個人所得稅中，並未申報與中方合作的薪資以及銀行帳戶。

而在美國類似李柏的案件，近年已經發生數十樁，涉案學者服務單位甚至包括 NASA（美國國家航空暨太空總署）。

中共滲透國際學術界以竊取技術與智慧產權，甚至進行統戰分化，行之有年。十多天之前，美國華府智庫「保衛民主基金會」（FDD）發布最新報告指出，即使孔子學院在美國受到打擊紛紛關門，中共仍然利用史丹福等美國知名大學發展軍力，包括核武計畫。報告強調美國政府應該建立法律和監管護欄，嚴陣以待。

除了知名的「千人計畫」以及中國教育部「長江學者」、中國科學院「百人計畫」，我有移民新加坡且事業有成的中國工程師朋友指出還有「萬人計畫」。這些都只是中共在國際滲透並竊取智慧產權的冰山一角，與「千人計畫」動機與模式一致的中國地方政府海外徵才計畫，成百上千。

去年底《美國之音》報導，澳洲戰略政策研究所（ASPI）在 2020 年 8 月發表報告指出，中國在全球設立 600 個以上的海外徵才站點；美國喬治城大學安全與新興技術中心（CSET）「中國人才計畫追蹤」（Chinese Talent Program Tracker）資料庫則顯示，中國國家級的海外徵才計畫大約有 40 個，國家級和地方級的計畫合計近 300 個。

報導指出，儘管一度高調的「千人計畫」名詞以及學者名單在中國名校與研究機構網路上消失殆盡，此類徵才計畫仍以多種形式存在，甚至如火如荼。例如中國科技部發起的「高端外國專家引進計畫」還在，去年底發布的《2020 年度國家外國專家項目申報指南》計畫依然是國家政策重點。對這種除不盡的「野草」，去年底 CSET 專案學者韋恩斯坦（Emily Weinstein）呼籲美國政府應該全面檢視與審查所有來自中國的海外徵才系統。

中國國家主席習近平十月初在中國中央人才工作會議呼籲「擴大引進人才」，要「加快建設世界重要人才中心」，特別強調要在「關鍵核心技術領域擁有一大批戰略科技人才」，還提到李柏被冠上的「戰略科學家」頭銜，如今中共針對海外徵才變本加厲，擺明已是重要的全球戰略武器，不再隱瞞。

2021 年 12 月 26 日

06

中共挾中資滲透多國大學
培養「在地協力者」

　　愛因斯坦母校、歐陸科技名校蘇黎世聯邦理工學院1月初發布「中國－瑞士青年研究人員交流計畫」，將台灣與香港並列歸入「中國」範疇，申請人須受中國審查，台灣外交部1月11日對此嚴正抗議。

　　台灣外交部發言人歐江安表示，瑞士蘇黎世聯邦理工學院與中國教育部「國家留學基金委員會」共同提供獎學金，計畫申請人必須同時向兩單位提交個人資料，並且接受中國教育部審查，本案原應是瑞士與中國雙方單純交流合作，中國卻別有居心、蠻橫無理地將我國學者納入，企圖將學術交流政治化，居心叵測。

　　歐江安指出，中國不僅在其國內打壓言論自由，在國際也擴大審查學術與交流活動，監控威逼各校學術自我審查、脅迫國際刊物不當稱呼台灣，惡劣事例不勝枚舉。外交部已指示駐瑞士代表處速洽蘇黎世聯邦理工學院勿落中國陷阱，損及台灣地位及我國學人權益。

　　外交部呼籲國際應警覺中國以學術審查限縮學術交流與運作，也「籲請國人及我國學術機構認清中國統戰本質，切勿令學術自由及學術殿堂的超然地位因此遭受戕害。」

在英國歌頌華為與中國新科技

瑞士蘇黎世聯邦理工學院案例再度證實，中共以資金滲透國際重點大學培養「在地協力者」，以遂行政治任務。

英美知名媒體日前連續報導，中國科技巨頭近五年來重金捐款投資名校，交換有利中共之條件，原本低調的大學經揭露後紛紛坦承，由於捐款金額高昂，而且涉及中共進行大外宣、干擾學術自由、言論審查以及國家安全等疑慮，英美等國正調查防制。

英國《觀察者週刊》（The Spectator）根據「資訊自由法」（Freedom of Information Act）調查資料，發現 2016 年以來劍橋大學總計收取中國電信巨頭華為捐贈 2570 萬英鎊鉅款資助，約合九億六千四百萬台幣。調查發現，華為也資助另所英國傳統名校牛津大學。

報導指出，過去兩年來劍橋大學與華為關係受到矚目。劍橋大學去年 2 月發布一份讚美華為的「電信改革報告」，五個月後發布報告的耶穌學院（Jesus College）坦承該報告收了華為十五萬英鎊贊助，相關機構也收了中國國務院給的二十萬英鎊。

《觀察者週刊》亦指出，牛津大學自 2016 年起總計從華為收到五十萬至近兩百五十萬英鎊的多筆資助，牛津曾在 2018 年宣布不再接受華為資金，然而牛津也從中國教育部「國家留學基金委員會」收了多筆兩百萬至四百萬英鎊捐款。包括牛津和劍橋，過去五年有九所英國知名大學接受華為資助高達 2870 萬英鎊，約合十億八千萬台幣。

英國下議院「國防專責委員會」（Defense Select Committee）2020 年報告指出，依據所有權以及資金來源判斷，華為與中國政

府以及中共關係密切。英國已以國家安全爲由禁止華爲參與 5G
建設。

　　早在去年 6 月，英國《每日電訊報》（The Daily Telegraph）
曾經引述英國國會「中國研究小組」（China Research Group）報
告指出，英國 20 所大學前幾年接受華爲以及中國國企資助逾四
千萬英鎊，接近十六億台幣，引起國會議員擔憂與警告。

　　去年 9 月，英國《泰晤士報》披露華爲「滲透」劍橋大學研
究機構「劍橋中國管理中心」（CCCM），發現該中心大部分學
者與董事與華爲有關，該中心首席代表胡彥平是華爲前高級副總
裁，在此職位還領有中國國務院特殊津貼。多位中心主管與研究
員以著書、演說、撰文讚美華爲形象、產品，以及中國新科技，
譴責國際對華爲的阻撓與攻擊。

　　對此，英國前保守黨黨魁史密斯（Iain Duncan Smith）表示，
英國大學近年太依賴中資金援，劍橋大學堪稱「特別糟糕」，國
會議員以及非政府組織人士特別敦促英國政府緊急調查大學與各
公私領域對中資的依賴程度。

贊助「如何在美國為中共大外宣」

　　此外，美國《華盛頓自由燈塔》（Washington Free Beacon）
於 1 月 6 日報導，中國網路巨擘騰訊執行長馬化騰，自 2017 年
以來透過私人慈善基金會，捐款逾一千萬美元給美國麻省理工學
院以及普林斯頓大學。

　　根據報導，美國教育部資料顯示馬化騰基金會在 2017 年爲
普林斯頓大學「現代中國中心」中共大外宣計畫「中國影響力計
畫」出資五百萬美元，研究「如何針對美國新聞媒體塑造大眾對

中國觀感」。該基金會也曾於去年贊助普林斯頓大學某項網路安全研究。普林斯頓大學「現代中國中心」主要贊助者包括與中共關係密切的香港「中美交流基金會」（CUSEF）創辦人，前香港特首董建華。

此外，騰訊在 2019 年與美國麻省理工學院媒體實驗室密切合作。雖然美國教育部有鉅額捐款紀錄，但麻省理工學院並未依規定公開說明，而普林斯頓大學「現代中國中心」（Center on Contemporary China）也未揭露與馬化騰以及騰訊的關係。由於騰訊協助中國政府審查異議言論以及監控所屬「微信」已是公開事實，騰訊隱晦的鉅額捐款已觸及美國國家安全敏感神經。

美國教育部明定大學若接受二十五萬美元以上的外國捐款必須公開揭露，但是去年才調查重點大學是否隱瞞中國等國捐款，促使中資滲透實情陸續曝光。報導指出馬化騰也向耶魯大學與康乃爾大學捐款，並擔任「耶魯北京中心」（Yale Center Beijing）和「康乃爾中國中心」（Cornell China Center）顧問，耶魯和康乃爾二校目前已被美國當局調查其他中資捐款，例如：華為與中興通訊。

中共運用鉅額中資與政商關係滲透國際學術機構遂行政治目的，已經不只是「疑慮」，而是擺明的事實，中共花招百出毫不隱諱，且對急需籌款開源的學術機構極具誘惑力，然而其殺傷力勢將超越學術機構，國際社會須聯手積極反制。

2022 年 1 月 12 日

07

馬斯克成推特最大股東：
中國利益會影響其經營嗎？

　　擁有逾八千萬推特關注者的世界首富、美國企業家馬斯克（Elon Musk），日前重金入股推特（Twitter）成為最大股東，其在中國龐大而複雜的利益關係，不免再次受到矚目。

　　在今年最新公布 Forbes 富豪榜，躍居世界首富的電動車大廠特斯拉（Tesla）執行長馬斯克，獲邀加入推特董事會，其跌宕起伏卻屢創奇蹟的創業故事、天馬行空卻證實可行的科技創意、率性敢言特立獨行的狂人作風，以及勇於對政治事件與社會議題發表意見、付諸行動等諸多條件，加上壯年帥氣的外貌，令其成為媒體寵兒，卻也是爭議人物。

推特言論管制備受質疑

　　近幾年推特為打擊錯假訊息，加強言論管理，尤其在肺炎疫情爆發以及 2020 年美國大選期間，限制大量訊息與帳號，其中令人震驚的案例包括封鎖前總統川普帳號，以及 2020 年 10 月《紐約郵報》（New York Post）因報導當時總統候選人拜登之子杭特・拜登（Hunter Biden）電郵與在烏克蘭經商內幕，而被推特禁言。推特曾因多次涉嫌在關鍵時刻偏袒左翼與民主黨陣營而備受質疑。

　　近期美國司法部對杭特‧拜登案的調查細節曝光，多次質疑《紐約郵報》報導的《華盛頓郵報》（Washington Post）以及《紐約時報》（New York Times）轉為證實電郵真實性，使得推特禁言措施對政治與言論的影響再次受到批評。

　　推特被質疑深度介入 2020 年美國大選連串衝突，包括去年 1 月 6 日國會衝擊事件以及查封前總統川普擁有近九千萬關注者的帳號，使得美國右派與共和黨人士批評推特偏袒打壓。然而推特對此不但否認，還宣稱去年內部調查發現，推特的演算法其實更利於推廣右派內容。

　　從不避諱與加州矽谷主流左派文化格格不入的馬斯克，是少數支持川普的科技界代表人物，川普也多次對馬斯克讚譽有加。近年來馬斯克對推特的言論管理難掩不滿，不久前在推特發起民調，詢問推友是否同意推特嚴格履行「言論自由」原則，不同意者高達七成。

　　馬斯克接著推文表達對推特言論管理的看法：「推特實際上已經是公民廣場，倘若不遵循言論自由原則，將會破壞民主根基。」

　　在馬斯克近期頻繁推文發表對網路平台言論意見之前，早已布局收購推特股票。美國證券交易委員會（證交會）文件指出，馬斯克從今年 1 月 31 日開始收購推特股票，迄今已經擁有推特逾 9.1% 股份，將被指定為董事。馬斯克也於 4 月 4 日證實成為推特最大股東，並於 4 月 6 日向證交會申請成為「積極投資人」（active investor），表明將積極影響決策。

　　馬斯克對推特的影響力有助於改造網路平台環境，實現他所認同的「言論自由」境界，讓不少美國反左派以及力挺川普人士

叫好，然而也有不少輿論提醒，馬斯克在中國汲汲營營，恐被中共「養、套、殺」，曾經爲利益對中共示好，近期更不顧國際抨擊聲浪，於新疆烏魯木齊開特斯拉門市店，將來能不能挺住來自北京的政商壓力，避免因畏懼中共威脅利誘而對推特「自我審查」，繼而損及推特言論自由，不能過於樂觀，值得世人密切關注。

習近平認爲馬斯克只是個「技術烏托邦」？

例如，《美國之音》日前報導，政治媒體 Mediaite 記者里奇曼（Jackson Richman）認爲，雖然馬斯克加入推特董事會並成爲最大股東，有助言論自由，但也鄭重警告，馬斯克對言論自由的支持，將難免要與在中國的利益力求平衡——意即中國事業很可能影響馬斯克在推特關於言論自由的表態與決策。

中國是特斯拉的最大市場。根據《華爾街日報》去年 12 月報導，2019 年中國政府提供特斯拉低息貸款、稅收優惠以及在上海的廉價土地，以便特斯拉大量生產，該報導引用中國乘用車市場資訊聯席會（China Passenger Car Association）數據指出，如今全球逾半數的特斯拉汽車在中國生產。2020 年特斯拉收入同比成長 124%，銷售逾 13 萬輛，銷售額高達 66 億美元；2021 年前 9 個月，特斯拉總收入的四分之一來自中國市場。

在此題爲〈馬斯克需要中國，中國需要他，關係錯綜複雜〉（Elon Musk Needs China. China Needs Him. The Relationship Is Complicated.）的長篇報導，《華爾街日報》質疑特斯拉正深陷中國泥淖當中。

《華爾街日報》指出，特斯拉 2019 年得以迅速順利在上海

設廠，中共總書記習近平於 2018 年親自拍板定案、要求量身訂製法規是關鍵要素，原因之一是希望通過特斯拉落地生根，培養中國本土電動車供應商，帶動中國相關產業。報導引述中國官員表示，習近平認為馬斯克不過是個「技術烏托邦」（Technology utopian）人物，醉心於技術開發，卻不忠於任何國家。

馬斯克是否忠於美國或者反對中共，只有他自己最清楚，至少在俄羅斯入侵烏克蘭之初，馬斯克便積極付諸行動力挺烏克蘭抗俄，高調與中共對立。

馬斯克曾經在 2020 年 9 月受訪表示「顯然我是社會的自由派，經濟上算中間偏右保守派或是中間派，我不知道，但我顯然不贊同共產主義。」當年底美國大選高潮期間，馬斯克以一句「服下紅藥丸」（Take the red pill）表態挺川普，並且長期對左傾的《華盛頓郵報》嗤之以鼻，而被右派視為同路人。

美國輿論界關切馬斯克在中國複雜的政商關係，情由可原，因為言論自由價值不應只是馬斯克的消費品。正如《新聞周刊》（Newsweek）評論版編輯昂格 - 薩岡（Batya Ungar-Sargon）推文提醒，特斯拉在新疆烏魯木齊門市店距離拘禁維吾爾穆斯林的集中營可不遠。

所謂「要刮別人鬍子之前，先把自己鬍子刮乾淨」，馬斯克要親自出馬，就必須面對言論自由的挑戰。馬斯克若不斷然切割在中國的政商關係，或不對商業利益與言論自由的衝突解釋清楚，終究難以說服世人，對推特而言恐將只是另一顆玩弄價值的未爆彈。

2022 年 4 月 12 日

08

獲頒「東方諾貝爾獎」的親共美國學者，
爲何成爲世界知名的「五毛」？

　　向來因爲言行親近中共而備受爭議的美國經濟學家薩克斯，近日獲頒唐獎，再度引起輿論關注，薩克斯多年來親共甚至反美之言行，不免再度受到檢視。

　　現年 67 歲的美國哥倫比亞大學經濟學教授暨地球研究所永續發展中心主任薩克斯（Jeffrey D. Sachs），6 月 18 日獲唐獎教育基金會頒發第五屆唐獎永續發展獎，得獎理由包括長期協助開發中國家減貧、抑制通膨、導入市場經濟，積極推動聯合國永續發展目標（SDGs），跨領域永續科學議題上的主導角色、以及開創可應用於鄉村、國家與全球等多邊行動。

　　對此，台灣旅外學者與知名作家不約而同地批評薩克斯歷年親共言論與事蹟，唐獎也因而受到波及。

　　於加拿大約克大學任教的台灣學者沈榮欽指出，薩克斯多次配合中共大外宣，主張美國應該要和中國全面合作，不要把新疆、台灣與香港議題放在美中關係中心，還稱「我們的朋友」（中國）不想聽到這些，並且批評國際對侵犯新疆人權的指控不合理，口氣和中國外交部一致，持續發文讚揚華爲以及一帶一路、批判美國政府，是「世界上最知名的中共五毛」。

沈榮欽並且諷刺唐獎頒獎給與極權爲伍的學者，超過諾貝爾獎將是「指日可待」；經常點評時事的作家顏擇雅也貼文表示，唐獎或許太想打開知名度，選擇像薩克斯這麼一個極有名但也極具爭議的對象。

薩克斯親共色彩極具爭議

薩克斯的親共色彩的確「極具爭議」。去年 4 月 20 日，他在《評論彙編》（Project Syndicate）聯名刊文，直指新疆面臨中共進行種族滅絕的指控不合理，批評美國欠缺證據，呼籲放棄這種「嚴重不實指控」。

對此，中國外交部發言人趙立堅在去年 4 月 24 日的例行記者會上，表揚《評論彙編》與薩克斯「立場客觀、內容翔實，我們要爲有關媒體和作者在涉疆問題上發出的正義之聲叫好點讚。」

趙立堅當時呼應薩克斯捍衛中共並且批評美國的文章，重申所謂中國政府在新疆實行種族滅絕政策的指控「完全是極端反華勢力蓄意炮製的世紀謊言，是污衊抹黑中國的荒唐鬧劇。」「我們相信國際上會有越來越多秉持客觀公正立場的人士仗義執言，講述新疆的事實眞相，發出正義之聲。」等諸多看來荒腔走板的言論。

新冠肺炎大流行以來，薩克斯極力撇清疫情與中共的關係。去年 6 月，薩克斯在《評論彙編》刊文指出「美國國家衛生研究院（NIH）顯然共同資助了武漢病毒研究所的研究」，暗示美國與病源難逃關係卻不敢公開，並且指出「如果新冠病毒確實從實驗室外洩，它很可能發生在一個由美國政府資助的專案中，使用由美國科學家開發和宣導的方法，並且是由美國領導和資助

的（包括在中國）採集分析潛在危險病毒的大型計畫之一部分。」
意即新冠病毒來源可能是美國資助的中國研究計畫。

積極對美國追究新冠病源責任

　　薩克斯對於中國是否隱瞞新冠病源興趣不大，卻相當積極追
究美國責任。不久之前，薩克斯 5 月底再度在《評論彙編》指
出，美國「情報體系對一件事絕口不提：倘若病毒確實來自實驗
室，幾乎可以斷言它是中國研究人員運用美國生物科技專門知識
所創造。」「要了解新冠病毒來源的完整真相，不僅需要對武漢
疫情進行通盤獨立調查，也需要調查疫情爆發前美國相關科學研
究、國際推廣與技術授權。」

　　薩克斯批評，2020 年初疫情爆發以來，美國政府一直把矛頭
指向中國，首宗可見病例確實發生在武漢，但是疫情完整性或許
牽涉到美國在冠狀病毒研究，以及與中國等國家共享生物科技所
扮演的角色。不幸的是美國當局試圖掩蓋相關問題。

　　此外，薩克斯力挺華為不遺餘力，刻意忽視華為的惡意擴
張，並且盛讚習近平的一帶一路倡議是「當代經濟史上最重要的
經濟發展舉措之一」。

　　澳洲反共學者漢密爾頓（Clive Hamilton）以及德國馬歇爾基
金會資深研究員馬曉月（Mareike Ohlberg）合著《黑手》（Hidden
Hand）一書，因為揭穿中共如何改造世界而備受國際矚目，本書
「輿論製造者」章節中指出，當華為孟晚舟在加拿大被捕時，薩
克斯撰文批評這是「川普的流氓策略」、「幾乎等於是美國向整
個中國商界宣戰」，宣稱「今天對國際法治最大威脅不是中共政
權，而是美國。」並且讚許一帶一路「充滿智慧」、「旨在建設

一個人性化的平台以促成歐亞和平合作」。

　　對於俄烏戰爭，薩克斯的看法也相當貼近俄羅斯以及中共，早在開戰之前，薩克斯就將焦點放在「北約東擴在俄羅斯眼中是危險挑釁行為」。6月上旬，薩克斯主持的聯合國永續發展解決方案網路（SDSN）在梵蒂岡開會，會後與十多名專家發表共同聲明，呼籲俄烏和談以避免消耗戰與更多犧牲，然而建議停火基礎，包括聯合國安理會常任理事國保證烏克蘭主權獨立及領土完整（卻定義含糊）、烏克蘭宣布中立並放棄加入北約、俄羅斯掌控克里米亞數年後尋求永久法理解決方案、烏東盧甘斯克（Lugansk）與頓內茨克（Donetsk）實行自治等等，依舊因偏袒俄羅斯而備受爭議。

　　多年來薩克斯對國際事務相當積極，也時常發表評論，與中共的看法更是高度一致，堪稱中共的「好朋友」，若被稱為國際經濟學界以及永續發展領域的「季辛吉」，也許會感到特別光榮。

2022 年 6 月 24 日

破局

Part 2

數位威脅・鋪天蓋地

09

最陰險的侵略？美國力勸歐洲
抗阻「華為」參與 5G 建設

　　美國衆議院議長裴洛西（Nancy Pelosi）2 月 14 日在德國慕尼黑安全會議（Munich Security Conference）開幕式演說時指出，中共試圖藉由大型電信公司破壞普世價值、輸出數位專制，更試圖透過經濟報復威脅不從者。裴洛西也在演說中呼籲，各國的 5G 建設應遠離中國華為公司。

　　第 55 屆慕尼黑安全會議於 2 月 14 日到 16 日舉行三天，是全球外交安全領域的年度盛會，有 40 多國政府高層出席，來自中國的安全威脅成爲本次會議的關注焦點。

最陰險的侵略方式

　　裴洛西在演說中強調，任由專制政府主宰 5G 網路發展，將面臨一種「最陰險的侵略方式」，各國不能只憑財務成本等因素，而把電信基礎設施拱手讓給中共，德國便是典型案例。作爲歐洲最大的市場，叩關德國對華爲與中共相當重要。在情報與國安等單位警告下，德國當局似能了解中國數位科技公司滲透的風險，然而德國仍對華爲參與 5G 建設猶豫不定。

　　德國總理梅克爾（Angela Merkel）擔心拒絕華爲將會激怒中共當局，甚至導致西門子、福斯汽車等大型德企在中國遭受經濟

報復。這些企業在中國長期享有龐大商業利益，能夠藉由經濟影響選票。梅克爾曾經計畫讓諸如德國電信（Deutsche Telekom）等自行決定 5G 合作方式，但此舉也讓經營美國大型電信商 T Mobile 的德國電信遭遇美方壓力。

裴洛西的開幕演說，展現美國兩黨對中共與華為等尖銳問題的團結立場，明白警告各國如果讓華為參與 5G 發展，就是「選擇專制而非民主」。

與裴洛西共同出席安全會議的美國國務卿龐佩奧（Mike Pompeo），15 日也在大會批評，指出中共藉由經濟特區模式掠奪東南亞多國經濟。由國家資本所支持的華為公司，則有如「中國情報機構的屠城木馬」滲透各國。

龐佩奧強調，中共藉由經濟特區模式蠶食越南、菲律賓、印尼，並且幾乎和所有鄰國都有領土或領海爭議。龐佩奧向歐洲溫情喊話，呼籲歐洲緩和對華府的政治歧見，並希望能透過與美國理念相近的歷史基礎上，齊來對抗中國「帝國」的野心。

美中於安全會議針鋒相對

裴洛西在 14 日慕尼黑安全會議開幕演說抨擊中共之際，中共前副外長、人大外事委員會副主任委員傅瑩當場質問裴洛西：「讓華為參與西方國家的 5G 建設，就能威脅民主制度，西方民主制度真的如此脆弱？」

縱橫國際政壇數十年的裴洛西則泰然回應傅瑩，並且向會眾表示，「30 年來，我一直在貿易以及智慧產權等各個問題上關注著中國。我可以毫不含糊、毫不猶豫地告訴你們，繼續走下去，要非常小心，除非你們最後想要擁有跟中國一樣的社會或經濟，

而這並不是自由企業模式。」裴洛西並且特別警告,「如果想繼續讓資訊自由流通、想建立尊重人權的價值觀,就別靠近華為。」

根據英國《金融時報》,裴洛西 16 日在安全會議重申,使用華為 5G 設備的歐洲國家「將步上異常兇險之境地」。並且形容與華為合作是「在資訊高速公路上,用專制代替民主,將國家警察放進每個消費者的口袋,這是中國的道路。資訊高速公路不應該中國化,應該要國際化」,而「5G 發展與安全、經濟、價值密切相關」。

在美國政壇,民主黨籍的眾議院議長裴洛西雖與總統川普有高度競合關係,甚至名列川普的主要政敵,然而在面對中共的全球擴張威脅,則與川普當局同心協力。尤其在防範歐洲被中共統戰分化、力勸歐洲各國抗拒中國市場經濟誘因、遠離中國大型數位科技公司方面,口徑一致。許多證據顯示,這些中國大型數位科技公司,幾乎都以國家資本補貼模式低價滲透全球市場,甚至配合中共市場戰略影響多國決策。

裴洛西 16 日示警之前,除了美國國務卿龐佩奧,美國國防部長艾斯培(Mark Esper)15 日也在安全會議嚴正警告歐洲,華為嚴重威脅歐美國家以及北大西洋公約組織,若讓華為參與 5G 建設,無異於捨棄民主價值、屈服獨裁體制。

艾斯培指出,依賴中國 5G 供應商,可能使合作夥伴的重要系統遭到破壞、操縱和刺探,也可能危及彼此通訊及情報互通能力,進而危及同盟關係。

艾斯培直指中國正是美國國防部五角大廈「頭號關注」對象,提醒歐洲也應該同樣關注中共威脅。而在中共滲透並企圖主導西方重大基礎設施的「邪惡戰略」中,華為是典型代表。艾斯

培強調，「如果我們不了解此威脅，不採取因應措施，最終可能會破壞史上最成功的軍事同盟組織，那就是北約。」

艾斯培譴責中共壓迫人民、威脅鄰國、竊取西方專業技術，呼籲國際社會在經濟抉擇時要優先考量共同安全，阻止任何威脅，捍衛盟友。艾斯培並且表示，儘管美國不想與北京衝突，但是如果中國不改變其極具侵略性的經濟政策以及軍事擴張，則「捍衛國際秩序」就必須成為國際社會的「集體優先要務」。

中共一向對華為的國企股份、國家補貼、剽竊智慧產權以及解放軍情報背景等問題避重就輕、混淆本質，謊稱華為是百分之百的民營企業，並且把美國對華為擴張國際與滲透統戰的警惕，扭曲為對中國高科技實力的恐懼與焦慮。

如果華為單純只是一家百分之百的民營企業，為什麼中共當局近年總為華為訴訟氣急敗壞，幾乎窮究中共官方資源，不斷試圖圓謊解圍？中共持續「此地無銀三百兩」，不但無法釋疑，也勢將捲起更多波濤，就算短期能夠滲透更多國家，也難以保障巨大的潛在風險。

2020 年 2 月 18 日

10

以 Google 爲鑒：與中國合作研究 AI 的重大風險

2019 年新型冠狀病毒疾病（COVID-19）肆虐不到 3 個月，歐美各國迅速被捲入抗疫風暴當中，因急於復工等因素被國內外輿論質疑對疫情「蓋牌」的中國，正積極準備重整旗鼓，尤其持續企圖在 AI 領域引領世界潮流。

中國百工百業在生活現實的催逼之下，似乎也不顧疫情眞假，殷殷期待復工，其中 AI 產業不僅是疫情震央湖北武漢的高科技發展重點，更肩負著許多輿論所想像「後武漢肺炎」時代產經發展的重要角色。而因肺炎疫情導致封鎖湖北武漢的嚴重性，似乎也提醒世人再度認知，中國迅速成爲世界 AI 產業發展的重要國家。

2020 年肺炎爆發的消息席捲全球，很容易讓我們忽略世上其他重要大事，也暫時忘記 2019 年之前值得特別關注的問題，卻在週末讓我突然回想美國知名創投家彼得提爾（Peter Thiel）去年 8 月發表的一篇重要文章──〈爲什麼 Google 與中國合作研究 AI 是危險的？〉──在歐美各國困於應付疫情，中共當局試圖復工重啓 AI 發展的此刻，更值得世人警惕。

AI 是一項軍事技術

彼得提爾在新創領域有高度影響力，是美國知名創投家、企業家、避險基金經理人以及社會倡議家，青年時代在法學院畢業後短暫任職法律專業，2002 年帶領 PayPal 上市，並曾為 Facebook 天使投資人與董事，現為創投公司創辦人基金（Founders Fund）合夥創辦人。

彼得提爾本文強調「AI 是一項軍事技術」，提醒世人不要天真地沉迷於科幻世界的空想，AI 的強大之處在於在電腦視覺和數據分析這類看似日常的應用，然而這些對任何軍隊都很有價值，在網路戰場上的攻防便是一例；彼得提爾認為我們生活在多國熱戰的環境當中已經成為現實。

本文首先提到，2016 年 DeepMind 的 AlphaGo 軟體擊敗世界圍棋冠軍李世石，震驚全球，而彼得提爾正是 DeepMind 創辦人哈薩比斯（Demis Hassabis）的第一階段投資人，2010 年當時哈薩比斯形容他的公司將是 AI 領域的「曼哈頓計畫」（Manhattan Project）——這是二戰期間美國主導研發製造原子彈的重大軍事工程計畫。

當時彼得提爾以為這只是哈薩比斯為了募資的誇大之詞，後來驚覺，其他準備投資的外國資本就是這麼看的，他當時應該把那段話視為相當直白的警告。

尤其在 2016 年 3 月擊敗世界圍棋冠軍李世石之後，彼得提爾發現 DeepMind 成為 Google 在 AI 領域「皇冠上的寶石」。而讓彼得提爾驚恐的是，雖然 DeepMind 比曼哈頓計畫多花 3 倍的時間，而且距離可以匹配人類智慧的程度還相當遙遠，但是這些

技術的首批用戶將是軍事將領，而非遊戲玩家。

彼得提爾文中提醒，AI 與機器學習無疑具備民生用途，但是關於軍事方面的敘事往往被忽視，甚至被刻意抹煞。

當時對於 Google 與中國合作 AI 的過程，更讓彼得提爾深感震驚——Google 在中國開設 AI 實驗室，隨後卻終止與美國國防部的 AI 合約。值得注意的是，正如歐巴馬總統時代的國防部長卡特（Ash Carter）去年年中特別警惕，「如果你和中國合作，你不會曉得是不是正在進行一項軍事專案。」

習近平「軍民融合」原則

文中警告，這事只要稍微參考中共黨章的變化就可以明白，習近平增加所謂「軍民融合」原則，規定自 2017 年開始，在中國所做的所有研究，都必須與中國人民解放軍「共享」。

弔詭的是，恰巧在 2017 同一年，Google 決定在北京開設 AI 實驗室，根據傑出而亮麗的中國籍主管李飛飛表示，該 AI 實驗室「專注於基礎人工智能研究」，因為在一個「AI 沒有國界，AI 福祉亦無邊界」的世界裡，Google 是一家人工智能優先的公司，這是「人類的一次巨大轉變」。

相對在美國，Google 於 2018 年宣布放棄與美國國防部的馬文專案（Maven Project）AI 合約，對照 Google 這前後兩項重大決定，彼得提爾發現，能想到最客氣的評價大概就是「天真無知」了。

彼得提爾文中抨擊，像中國這樣用網路防火長城（Great Firewall）擋掉國外網路的國家，Google 竟然用「沒有邊界」這樣的措辭作為合作的理由？這種思維是否只適用在與世隔絕的北

加州園區？而美國矽谷這種所謂「世界主義」的態度，還不如說是「極端本位主義」，猶如對其他地方的問題沒有知覺、也不感興趣的「世外桃源」。

彼得提爾認為，自 1970 年代以來，美國精英階層對中國領導人的冷戰態度是種溫和的縱容。至於在 1990 到 2000 年代對中國的建設，美國的寬容自以為理應促使中國自由化，然而結果卻顯然是美國工業基地大量遷移至海外競爭對手地盤，而 2018 習近平「修憲」成為中國終身領袖之後，更值得世人警惕。

彼得提爾提醒，Google 雖說「盡最大努力讓更多人生活得到改善」，然而這種標準說法模糊到讓人無法挑戰，「現在我們應該明白，他們所說的造福世界，本質上是逃避對國家利益的責任。」

在支持川普當選總統後不久，彼得提爾逐漸刻意低調，然而去年這一篇 AI 發展的警世文章，以 Google 為借鏡，直諫與中國進行 AI 合作的重大風險，足以令世人反思再三。

2020 年 3 月 23 日

.

11

對習近平強力推銷「國際健康碼」不可不慎

　　20 國集團（G20）峰會於 11 月 22 日閉幕，新冠病毒疫情管理為會議焦點。各國領導人參與網路會議後發表公報，表示將致力確保全球都能負擔得起、並能公平取得疫情診斷和疫苗。而會中最引人矚目之處，當屬中國國家主席習近平向各國推薦中國的「健康碼」機制。

　　根據《BBC》11 月 23 日報導，習近平建議各國參考中國的「健康碼」，協調國際通用準則，建立「國際健康碼」及國際健康數據資料庫，以便各國人士進行出入境審查，協助產業經濟迅速流通。

　　習近平在北京以視訊出席 G20 峰會強調，要在防控疫情前提下，恢復全球產業鏈和供應鏈，要加強各國政策與標準「對接」，搭建「快捷通道」，便利人員往來。並且提出建立基於核酸檢測結果、以國際通行的健康碼進行國際相互確認機制，「希望更多國家參與」。

　　然而，由於中共對人民進行大量數位監控，早已引起國際高度疑慮，加上開發不久的健康碼今年在中國的強制執行經驗也備受人民質疑，習近平的「推薦」迅即引發質疑。

「國際健康碼」＝特洛伊木馬？

會中習近平並未詳述這所謂「國際健康碼」的運作邏輯，比方最重要的是，誰有資格能管理所謂的國際健康數據資料庫？

即使事後有澳洲新南威爾斯大學生物安全研究計畫主持人、流行病學家麥金泰（Raina MacIntyre）教授表示，最折衷的辦法恐怕是由聯合國或者世界衛生組織（WHO）管理，但是她自己也質疑「人們會同意非本國政府取得他們的數據資料嗎？」更遑論聯合國以及 WHO 在疫情爆發後的管理能力，以及傾向中共的施政態度，公信力已經大打折扣。

對此，國際 NGO 組織「人權觀察」（Human Rights Watch，HRW）執行長羅斯（Kenneth Roth）推文警告，當心習近平在 G20 峰會的「國際健康碼」提議，中共恐怕以「關注健康」之名義送出「特洛伊木馬」，以達成「廣泛的政治監控」目的，將中國的「社會信用體系」順勢推廣國際。

今年初新冠疫情爆發不久，中國於 2 月藉由阿里巴巴支付寶以及騰訊微信開發技術，陸續推出健康碼。騰訊並與「國家政務服務平台」共同推出全中國「防疫健康碼」，串聯廣東、上海等多處健康碼系統。從杭州上場兩個月之後，健康碼便已迅速遍及中國 200 多座城市的數億人口。

健康碼是種手機二維碼（QR code），經掃描後可取得個人最近的健康和交通資訊，以從嚴控制病毒之傳播途徑，用戶必須登錄個資、定位與健康狀況，並由「系統」決定用戶能否外出與通行。

健康碼以紅、黃、綠三色區分用戶健康狀況。健康用戶為綠

碼,可自由交通;發燒、確診、疑確診者爲紅碼,須進行 14 天隔離或者集中管理,經連續 14 天打卡健康則轉爲綠碼;與紅碼者有近距離接觸者爲黃碼,要進行 7 天隔離或集中管理,連續 7 天打卡健康則轉爲綠碼。民眾外出交通、進出公共場所與居處都必須刷碼,政府能藉此輕易掌握用戶個資、健康與行蹤資訊。

管制人民生活的巨型實驗

3 月初《紐約時報》指出,健康碼是中國「使用數據管制人民生活的大膽巨型實驗」,杭州官方對於推出健康碼頗爲得意,杭州市委書記周江勇宣稱這是「杭州數位化城市管理的重要實踐」,認爲「應該研究如何擴大這類程式的應用」。

同時《紐約時報》調查發現,用戶申請時即須授權讓健康碼引用個資數據,其中「向警方報告資訊和地點」(Report Info And Location To Police)的程式碼,會把用戶個資、位置和識別碼傳給伺服器。

《紐約時報》並且提醒,健康碼難免透露中國疫情不實的冰山一角。例如浙江省(約有 5700 萬人口數)2 月 24 日發布有九成以上人口已經安裝健康碼,高達 98.2% 的用戶是綠碼,但未公開調查方法,卻也可被簡單看出僅只浙江就有上百萬人處於應被隔離管制的「異常」狀態。

也許杭州首推健康碼這種「具有中共專制特色」的措施,受到中央的嘉許與鼓勵,杭州市衛生健康委員會 5 月 23 日宣布,擬進一步將民眾「健康習慣」納入健康評分標準,永久追蹤包括運動、飲酒、吸菸、睡眠、作息等習慣數據紀錄,「成爲提升百姓健康免疫力的防火牆」,隨即引發輿論對這種「升級版」健康

碼嚴重侵犯隱私的疑慮，質疑當局對於數位管制已經過度偏執。

　　如今，習近平以疫情管理、經濟復甦這類堂而皇之的理由，在 G20 峰會這種國際重要場合宣示推薦「健康碼」這種來自中共的「使用數據管制人民生活的大膽巨型實驗」，企圖複製中國的「健康碼」、發展「國際健康碼」，甚至進而與聯合國將設於杭州的「大數據研究中心」串連掌控「國際健康碼」，自是有備而來，不會只是說說而已。

　　「健康碼」一但被強制使用，個人隱私等於被「鎖碼」，被監控管制的內容很容易被當權者「升級」、串連至「社會信用體系」，甚至無限上綱。國際社會對於「健康碼」這種中共亟欲推廣全球的數位監控新利器，恐怕過於掉以輕心。

2020 年 12 月 1 日

12

遍布天空的威脅：國際紛禁
大疆無人機，台灣警覺度不足？

　　美國商務部 12 月 18 日宣布將 60 多家中國企業列入「實體清單」（entity list）黑名單，其中近年多次被點名卻屢未受罰的無人機大廠「大疆創新」（DJI）終於名列其中，特別受到矚目。

　　《路透社》指出，大疆被制裁理由是「透過濫行收集及分析基因資料，或者高科技監控行為，以幫助中國大規模迫害人權」，以及「幫助中國出口相關產品，以協助世界各地政權的壓迫行為，違背美國外交政策利益」。

　　來自深圳的大疆，是全球市占最大的無人機製造商，針對本次美國商務部的決定，雖表示失望，但仍發函強調「美國的消費者可以正常繼續購買並使用大疆創新的產品」，意即無視制裁影響，持續在美國銷售。

　　然而遭美國商務部列入「實體清單」的企業，儘管名義上仍能銷售產品，但在與美國供應商交易時，相關企業交易內容皆需經過美方嚴格審查與同意，影響嚴重，大疆的發函動作與說詞恐怕不切實際。

中共補貼：大疆市占稱霸全球

　　在中共政策補貼以及積極搶佔市場等因素影響下，大疆的全

球市占率約達七成，在美國則高達 77%，並且橫掃美國公務單位。美國巴德學院（Bard College）調查顯示美國各州政府都在使用無人機，其中高達九成為大疆產品，軍警消等安防單位是主要用戶。

此外，市場研究公司 Skylogic Research 統計，大疆在 2019 年的全球民用無人機市占率達 74%，在美國和加拿大達到 79%；德國無人機市場研究機構 Drone Industry Insights 在今年 6 月更新的市場報告中則指出，大疆在全球商業無人機市場的市占率超過七成。

然而，由於 2017 年中共立法明定企業有義務配合官方索取情報資料，加上歐美多方專家警告，中國無人機企業可收集數據並傳送給中共政府，嚴重威脅各國國家安全和民眾隱私。中國無人機的數據安全隱憂，近年逐漸引發國際社會關注。

美國「國家反間諜與安全中心」（National Counterintelligence and Security Center）主任埃瓦尼納（William Evanina）對此表示：「所有美國人都應該擔心，他們儲存在中國企業的應用程式上的圖像、生物特徵、定位等等數據，都必須被上交給中共國家安全機構。」

《路透社》也報導，美國國土安全部（DHS）2019 年 5 月曾經警告，應注意中國無人機收集數據資料的風險，美國內政部也停止採購中國無人機，並於今年 1 月停飛已採購的 800 架無人機。

台灣必須借鏡國際安防經驗

在美國禁用中國無人機之際，日本也傳將跟進。今年 10 月

底《路透社》引述日本官員表示，日本擔憂資訊技術與智慧產權被中共取得並且轉為軍事用途，明年將頒布新規，禁止日本政府部門採購中國無人機。

日前《讀賣新聞》也報導，日本政府今年春季調查防衛省與警察廳之外各省廳的無人機，發現約有一千架小型無人機幾乎都產自大疆。日本政府擬以日本產品汰換這批中國無人機，並於數年內逐步淘汰現役無人機。《讀賣新聞》直言，日本種種措施都是針對中國無人機而來。

在澳洲，9月19日《雪梨晨驅報》和《世紀報》報導，澳洲目前恐怕已有上百萬架的中國無人機，國安專家警告，外界無從得知這些無人機如何接收、儲存和處理數據，恐會淪為間諜蒐集情報工具，甚至被操控為攻擊武器。

根據報導，澳洲聯邦交通和基礎建設部公布報告指出，澳洲目前的防衛系統無法對付大量「惡意使用無人機」的行為。此外，報導也提及法國 Synacktiv 及美國 GRIMM 兩家安全研究公司於今年 7 月指出，大疆無人機的 Android 程式可被駭客植入惡意程式，並且操控使用者的手機。

報導引述軍事器材企業 Xtek 無人機部門主管費基特（Tibor Fekete）的警惕，這位澳洲退伍軍人表示，澳洲上空布滿大疆等品牌的中國無人機，估計數量以「百萬」計。該報導也轉達美國智庫傳統基金會（The Heritage Foundation）資深研究員魏納柏（John Venable）的警告——大疆主宰航拍攝影、熱感應攝影、地形圖攝製等市場，利用大疆無人機所取得的數據資訊量相當龐大。

中國無人機搶佔台灣市場，成績也相當亮眼。民進黨立委何

欣純 12 月 1 日在總質詢中表示，台灣政府部會從 2011 年至今購置的 726 部無人機中，有超過七成是中國製，許多產自大疆，為免資安疑慮，要求行政院速予汰換。對此，行政院長蘇貞昌責成副院長沈榮津，執行全面盤點汰換。

根據何欣純辦公室資料，這 726 部無人機全數從 2011 以及 2015 年馬英九政府時代開始購置。只有海委會於 2018 年所購全非中國品牌。

然而如同澳洲前例所示，大量台灣民間採購的中國小型無人機是否早已遍布台灣的天空，恐怕更值得民眾以及立法、行政與國安等單位高度關注。大疆在國際市場所遭遇的空前挫折，正為台灣受到忽略的無人機問題補上寶貴的一課。

2020 年 12 月 22 日

13

平台驅逐、中共滲透危機：彼得提爾抨擊「科技巨頭傾中」的啓示

美國網路科技領域重要人士彼得・提爾（Peter Thiel）上月出席尼克森論壇（The Nixon Seminar），會中批評網路平台巨頭過度傾中，以及對前總統川普的「平台驅逐」（Deplatforming）文化，強調社會應持續對網路平台施壓，阻止中共滲透，並關注其對台灣的威脅。

在網路商業化初期，提爾與伊隆・馬斯克（Elon Musk）共同創辦 PayPal 有成，後成爲臉書（facebook）首位外部投資人，二十年來積極參與創投以及社會議題，另曾投資 LinkedIn、Yelp 等數十家新創公司，也曾以矽谷創投公司 Founders Fund 合夥人身份資助 Airbnb 和馬斯克的火箭計畫 SpaceX。

網路界少見的川普支持者

提爾是網路科技重要人士中少見的川普支持者，他在 2016 年總統大選捐款力挺川普，這在矽谷顯得相當「反常」。川普贏得 2016 年美國總統大選之後，提爾曾經爲川普邀請矽谷各家巨頭促進「和諧」關係。現在提爾忙著擔任提爾資本・（Thiel Capital）董事長、大數據科技公司 Palantir 共同創辦人暨董事長，並且自 2005 年以來，長期擔任臉書董事。

　　提爾於 4 月 6 日應邀出席這場由美國前國務卿蓬佩奧、前國家安全顧問歐布萊恩聯合主持的尼克森論壇「保守現實主義與國家安全」研討會，主題為「大科技公司與中國：我們對矽谷的需求？」（Big Tech and China: What do we need from Silicon Valley?）。當中有十五位專家參與討論，過程冗長而略顯隨性，像是從科技界角度探討時局，而非嚴謹的國際局勢論壇，但從產業實務來看，仍有許多可觀之處。

　　提爾認為，綜觀五大科技公司，除了蘋果之外，實際上 Google、臉書、亞馬遜、微軟在中國的業務很少，「從結構上看，蘋果可能才是個真正的問題，因為整個 iPhone 供應鏈都來自中國，蘋果是真正與中國具備綜效（synergy）的合作者」。他並指出，這些公司的政治氣氛都改變了，他們不認為自己是真正的美國公司，對於他們而言，想在任何方面表現明顯的反中國之作為，相當困難。

網路科技巨頭深陷民主困境

　　身為臉書董事，提爾以去年「香港民主抗爭」議題之現實困境為例，香港員工都贊成抗議活動和言論自由，但是臉書內部的中國員工比香港員工要多，中國員工會反駁「這事只是因為西方的自大，不應站在香港這邊」，而臉書其餘員工對此沉默遠離，內部辯論結果因此傾向反對香港抗爭立場。可見以員工組成基礎而言，臉書對中共政策採取強硬立場有其困難。

　　提爾曾經公開批評 Google 母公司 Alphabet 協助中國發展人工智慧（AI），以及蘋果過度依賴中國供應鏈。在論壇中，提爾重申幾年前曾經批評 Google 拒絕與美軍在 Project Maven 合作開

發 AI 技術，卻與中國的大學以及研究人員合作，由於中共是「軍民融合」體制，所以 Google 等於是與中共解放軍合作，卻不與美軍合作。提爾表示，他曾質疑 Google 為何這麼做，一些內部人士竟告訴他，「如果不合作，這些技術還是會被中共偷走」。

提爾表示，他曾與部分 Google 員工進行深層 AI 技術對話，直問：「你們的 AI 是否被用來經營新疆集中營？」對方的回答卻是：「嗯，我們不知道，也不會去問任何問題。」——提爾強調：「幾乎不可思議的是，大家假裝一切都很好。而你知道，這就是有用的白痴（useful idiots），是中共第五縱隊（fifth columnist）的合作對象。」

曾任前國務院資深顧問的「國家利益中心」（The Center for the National Interest）高級研究員惠頓（Christian Whiton），則詢問提爾對於網路平台監管言論的看法，包括這些平台能否審查媒體與川普總統的政治態度，並且取消川普總統帳號。

今年 1 月美國國會大廈被群眾闖入之後，推特認為川普涉嫌煽動暴力，永久關閉川普帳號，臉書等主流網路平台也隨後跟進。

對此，提爾坦言臉書是做這種事的佼佼者，並表示「我擔任臉書董事，所以我所說的話必須謹慎，但是網路平台數月前關閉川普總統帳號確實非常異常。」「連墨西哥總統奧夫拉多（Andres Manuel Lopez Obrador）和德國總理梅克爾都對此表示意見，表示此事確實太過份了。」

特別關注中共威脅台灣

中共對台灣的威脅在此論壇也引起不少關注。例如提爾直問，「如果中國入侵台灣，實際上會如何？我們會轟炸荷姆茲海

峽（The strait of Hormuz）嗎？我們會削減石油儲備嗎？我們會輸嗎？我們使用戰術核武嗎？」

蓬佩奧對此回應，總統長久以來不回答這種問題是有原因的。從未有總統說過「如果發生這種情況，我會回應 A，我會進行 B」，這概念在戰略上存在歧義，只能嘗試避免發生。

蓬佩奧認為，這很大程度上取決於兩件事：其一，事件發生時的領導者和所設條件，領導者思考後果、風險，並且迅速應變的能力；其二，領導者要能夠號召世界，這不僅是美中問題，而是影響更為深廣的問題，至少要讓中國知道，無論如何將迅速遭遇威懾。若非如此，情勢將迅速升級而混亂。

歐布萊恩則補充，「我們必須牢記，如果中國接管台灣，這不僅是因為台灣，不僅因為晶片、工廠與晶圓廠，這將是場戰略政變（strategic coup）。台灣作為太平洋中部樞紐，被中國奪取之後，整個太平洋地區將全面開放……變成一條高速公路，延伸到阿留申群島和夏威夷。」

歐布萊恩認為美國必須藉由強化力量實現和平，如果有足夠的威懾力，並繼續對盟友進行投資——包括台灣——中國將很難消化。然而如果美國向中國示弱，或者中國認為洞悉了美國的弱點，可能會刺激中國侵犯台灣。歐布萊恩並強調，在看到西藏、新疆、香港等問題發生之後，「台灣人自願將自由民主交給中共的想法，已經是過去式了。」

在此論壇中，提爾也討論到中國數位貨幣、社會信用體系、數位監控、濫用 AI 技術、華為與抖音問題、中共對美國教育與科技等領域之滲透等種種危機，似乎言猶未盡，將在五月份之活動持續闡述。

2021 年 5 月 20 日

14

抖音將傳播反美反台灣？
艾希頓庫奇的憂慮與國際警覺

在好萊塢以及數位科技界頗具影響力的巨星艾希頓‧庫奇（Ashton Kutcher）近日警告，中國抖音國際版的 TikTok（下統稱抖音）不僅威脅美國人，也威脅到美國國家利益，而且中共很可能利用抖音大肆傳播南海主張、反美以及反台灣等輿論，煽動民眾反對美國政府對台政策以及南海政策，必須提高警覺。

庫奇最近指出，抖音在美國非常流行，然而目前美國管理機構對抖音的觀點並不一致，擔心中共利用抖音來推動反美和反台灣言論。庫奇嚴正警告：「如果我是中國政府，並且希望在全球製造麻煩，特別是在南海製造問題，我會想利用抖音傳播反美國和反台灣的輿論，並由此影響美國人，讓他們以為美國政府為台灣所發起的任何軍事行動都極不受歡迎。」

當心抖音煽動人心反美反台灣

庫奇表示：「和許多人一樣，我也認為很多社群媒體都被操控，並且散布假消息。」「身為熱愛美國的美國人，我認為抖音不僅威脅個人，也威脅整個美國。」

43 歲的庫奇出身美國中西部工業區貧窮家庭，大學時期因星探邀請加入演藝圈，曾因 2004 年主演電影《蝴蝶效應》（The

Butterfly Effect）走紅國際，2013 年則因主演電影《賈伯斯》（Jobs）傳神演出蘋果公司創辦人賈伯斯，令人印象深刻。

　　另外，庫奇以積極投資網路新創聞名科技圈，成功投資著名的 Skype 與 Airbnb 等許多公司，獲利頗豐，是業界公認的創投家，並且熟悉社群媒體生態，長時間位居推特追蹤人數全球之冠。近年除了擔任製作人，並且投入慈善公益，其組織曾經防止六千多名女童遭受性騷擾。

　　庫奇也是美國好萊塢以及數位科技領域少數能夠抗拒中國市場誘惑以及中共壓力，直視中共人權問題與滲透危機，並積極示警之圈內人。因此，最近他對於抖音的批評特別難得與及時，為拜登政府以及美國國會敲響一記警鐘。

　　TikTok 創辦於 2017 年 9 月迅速爆紅，當年 11 月中國抖音母公司字節跳動（ByteDance）以 10 億美元天價收購，並且併購美國熱門短片社群軟體 Musical.ly，整合成為抖音國際版 TikTok，是美國年輕人愛用的第二大社群媒體，超越 Instagram，僅次於 Snapchat。

　　其中國母公司字節跳動能否取得海外用戶數據，向來受到極大質疑，許多專家認為字節跳動會將海外用戶數據交給中共，危及各國安全。日前多名前抖音員工也向美國媒體《CNBC》表示，中國母公司字節跳動百分之百干涉海外業務與產品決策，能夠取得美國用戶數據資料，「早已見怪不怪」，令人擔憂。

取得美國用戶數據「早已見怪不怪」

　　外媒查閱抖音隱私政策規定發現內文有：「我們可能會與集團母公司、子公司或其他附屬公司共享我們所收集的所有資

訊」（We may share all of the information we collect with a parent, subsidiary, or other affiliate of our corporate group）——顯然公司明文公告可以分享用戶數據給字節跳動。

近期美國知名科技網媒《TechCrunch》報導，6 月 2 日抖音更新美國隱私政策，宣稱「可能從用戶的內容中收集生物識別標識和生物識別資訊」，包括「臉部特徵和聲紋」，更是引人關注。

值得重申警惕的是，根據中共於 2017 年 6 月通過的《國家情報法》，中共當局要求所有中國組織和和中國公民應該協助和配合國家情報工作，在中國《反間諜法》也有相似規定。因此只要中共當局向中國企業索取用戶個資數據，這些企業必須配合黨，不可能拒絕。

去年美國前總統川普設法禁止抖音在美國併購其他美國企業，前國務卿蓬佩奧也多次強調，抖音很可能直接向中共提供用戶個資，嚴重影響國家安全。

拜登上台不到半年，即於 6 月 9 日簽署一份行政命令，名爲「保護美國敏感數據免被外國對手奪取」（Executive Order Protecting Americans' Sensitive Data from Foreign Adversaries），暫時取消川普政府對抖音等中國應用程式（App）的禁令，引發輿論大譁與國會抨擊，但拜登同時要求相關部門對包括中國在內的外國應用程式重啓安全審查。

美國參議院委員會已經投票通過法案，禁止聯邦僱員下載使用抖音。美國智庫「戰略與國際研究中心」（CSIS）高級副總裁劉易斯（James Lewis）則認爲，拜登政府重啓安全審查將讓抖音面對更大挑戰，抖音很可能難逃一劫。

許多國家也對抖音的滲透提高警覺，根據《澳洲金融評論報》

報導，美國智庫「國家安全研究所」（NSI）創辦人賈佛（Jamil Jaffer）認為，與中共關係緊張的澳洲面臨抖音威脅美國的相似問題，中共勢必積極收集澳洲有關生活型態與個資之數據，澳洲政府必須考慮禁止抖音。

此外，根據荷蘭消費者協會（Consumentenbond）以及隱私保護基金會「Take Back Your Privacy」指控，多年來抖音非法收集 120 萬至 160 萬名荷蘭兒童個資，轉售於定向廣告（targeted ad）用途，因而控告抖音，並且求償 15 億歐元（約合台幣 500 億）。此前市場訊息研究基金會（Market Information Research Foundation）也指控抖音涉嫌違反歐盟數據保護法，聲明代表 6.4 萬名父母向抖音索賠 14 億歐元。

除了過度囂張的商業目的，抖音儼然已經成為中共滲透意識形態至全球各國青年之利器，亟需國際聯合積極應對。

2021 年 7 月 14 日

15

臉書已和中共互利共生

　　即使中共在中國封鎖了臉書（Facebook），然而近期一份關注中國財經趨勢的美國網媒指出，臉書透過中國代理商每年從中國賺上數十億美金，再度引起國際關注。數個月前也有知名媒體報導，中國是臉書僅次於美國的次要收入來源國——作為頂級大客戶，中國對臉書的影響力實在不容小覷。

　　總部位於美國波士頓的網路週刊《連線中國》（The Wire China）於 8 月 1 日報導，儘管臉書努力十多年仍然無法再攻入中國「牆內」市場，臉書創辦人祖克柏（Mark Zuckerberg）對此難掩挫折。然而臉書長期經由代理與策略合作等迂迴方式，每年在中國賺得數十億美金廣告營收，這些廣告與公關行銷不僅來自中國民企，也來自中共央企、國企、官媒以及中央與地方政府，這些交易顯然得到中共當局許可，甚至積極利用。

中國早已是臉書的頂級大客戶

　　《連線中國》指出，中國重要廣告主包括遊戲公司、電商巨頭、應用程式商以及政府組織，臉書廣告可以強化國際影響力，臉書也藉此從中國獲利，財源廣進，雙方互惠互利。

　　據悉自 2009 年起，中共宣稱部分維權人士利用臉書串聯、

涉及新疆烏魯木齊亂局，於是在中國封鎖了臉書。也因此，十多年來外界並不清楚臉書在中國獲利頗豐。

根據《連線中國》報導，臉書對其在中國的業務很低調，例如在 2020 年財報中透露——即使「我們的產品可能被封鎖或限制」，但是「我們從有限的中國廣告代理商獲得可觀的收入」。

而從 2018 年開始，臉書在財報都使用類似的隱晦說辭。《連線中國》認為臉書對中國業務特別低調，可能因為涉及被美國當局視為國安威脅的中國國企，以及被指控傳播假消息的中共官媒。這些中國廣告主透過 11 家中國廣告代理商以及 11 家所謂「優質合作夥伴」，在臉書登廣告。

《連線中國》舉例，自稱為臉書「中國區最大代理商」的「飛書深諾」（MeetSocial）創辦人沈晨崗（Charles Shen）曾經接受《紐約時報》採訪表示，該集團 2019 年可賺進約 20 億美元營收，每天在臉書發布超過 2 萬條中國廣告，廣告主包括抖音（TikTok）母公司字節跳動等科技巨頭，中共官媒《環球時報》、《中央電視台》（CCTV），以及遭到美國制裁的中共國企「中國移動」。

許多跡象顯示中共當局也是臉書的貴客。《連線中國》分析 2014 年至 2020 年 553 份中共各級政府與民企所簽訂的海外社群媒體平台廣告合約，發現許多合約都指名要上臉書，中共當局刊登在臉書之數量至少是其它平台的兩倍。

《連線中國》為前《紐約時報》駐上海記者巴波薩（David Barboza）於去年共同創辦，巴波薩近十多年來獲獎難以數計，難得的是曾於 2013 年兩度獲頒普立茲獎（Pulitzer Prize），得獎報導內容涉及蘋果等科技巨頭在全球經濟運作之黑暗面，以及中國政府高層貪腐醜聞，後者導致中共施壓封鎖《紐約時報》中英文

版本報導。

臉書與中共互利共生已經接近「雙贏」

其實《連線中國》對臉書從中國發大財的報導，在中外皆不算新聞。2019 年 2 月《紐約時報》便曾報導，在深圳福田區的中國代理商「飛書互動」為在中國沒有正式辦事處的臉書擔任類似代表的角色，當時飛書互動是臉書在中國的七家代理商之一，隸屬於飛書深諾集團。

當時《紐約時報》報導飛書互動為廣告主設立的「體驗中心」看來像是來自矽谷的「飛地」，而中國企業與組織想利用臉書在國際宣傳的趨勢，意外地讓中國成為臉書主要獲利來源。飛書互動執行長沈晨崗當時指出，2019 年在臉書和 Instagram 上的廣告銷售額將上看 20 億美元。另根據市調機構 Pivotal Research Group 數據，臉書在 2018 年從中國代理商賺進高達 50 億美元，約佔其年度總銷售額一成，這種業績規模可讓在中國被禁的臉書，在中國排上前七大上市網路公司之列。

也許因為中國廣告業務暢旺，2019 年底臉書曾在微信「擁抱中國」，宣稱要致力成為「中國企業走向世界的最佳行銷平台」。美國《CNBC》報導，去年初臉書更在新加坡的亞太總部擴編專門服務中國市場的新工程團隊，並且專為中國廣告主設計新型廣告系統，顯示對中國市場的信心與強烈企圖。

此外，中國《新浪科技》去年也指出，飛書互動官網顯示已服務超過一萬家中國企業客戶，中國網路廣告主預算接近 4000 億人民幣，市場總規模相當於臉書在全球的廣告收入，臉書在中國市場潛力強大。

然而，中共當然也曉得積極利用臉書進行統戰與大外宣。4 月 2 日美國《紐約郵報》報導，中共利用大量臉書廣告宣傳新疆維吾爾等少數民族過著幸福快樂的日子。此外網路資料庫 DataReportal 數據顯示，在全球前 20 大最受關注的臉書粉專，有三個由中共官媒所經營，例如《中國環球電視網》（CGTN）的追蹤者就超過 1.15 億（如今已超過 1.17 億）。

另外根據《華爾街日報》報導，部分臉書員工在內部討論群組對來自中共團體贊助有關新疆的宣傳提出警告。中共正因對新疆少數民族進行大規模監禁、強制勞動以及絕育措施受到國際輿論強烈批評。

看來臉書與中共互利共生已經接近「雙贏」，能否打進中國國內市場早非重點，中國既然已是臉書的大金主，搶進中國市場便淪為假議題。祖克柏偶而唱唱捍衛國安人權等高調罵罵中共，恐怕也是罵假的，不必當真。

2021 年 8 月 14 日

16

當中國政府成爲數據老大哥：
監控統治之網恐籠罩全球

9 月 23 日中國阿里巴巴集團「螞蟻金服」發布通知，旗下信貸產品「花唄」將全面接入中國央行徵信系統，用戶應授權與該系統共享資訊，拒絕的用戶將無法使用花唄服務。

美國《華爾街日報》指出，此消息顯示螞蟻金服同意中國監管部門要求，將配合按月上報央行之訊息包括帳戶設置日期、信用額度、還款狀態等。然而花唄表示不會提供客戶購買何種商品，以及何時購買等具體交易訊息。實際執行程度以及後續發展仍待觀察。

根據該報導，螞蟻金服主要業務網路銀行爲客戶提供數位支付、投資、保險等金融服務，全球用戶超過十億，中國約有多達五億人使用其網路信貸。

花唄是螞蟻金服一款可於支付寶使用的網路信貸，會參考用戶消費水準以及螞蟻金服旗下的芝麻信用分數，提供 1,000 元至 50,000 元人民幣的信用貸款。曾因通過貸款戶關係人催收還款引發大量爭議與糾紛，被質疑涉嫌侵犯用戶隱私。

中共積極掌控數據

近來中共對數據監管持續趨嚴，甚至被喻爲與中國科技巨頭的大數據爭奪戰。中共監管機關已下令國企要加速將數據從阿里

巴巴與騰訊等大企業的雲端服務，轉移到官方主管的雲端設備，向來由科技巨頭主導的中國雲端服務市場深受威脅，動盪不安。

　　此前中外輿論喧騰已久的中國《數據安全法》於9月1日生效。該法將要求中國所有企業將其數據依規分類、管理、存儲與傳輸。分類重點例如「國家核心數據」、「重要數據」，倘若處理不當將可處最高1000萬元人民幣罰款，甚至面臨刑事指控。

　　然而受到中外企業與法律界詬病的是，中共當局並未為這些數據分類提供定義，例如：規定希望將「重要數據」轉移到海外的企業，每次轉移都必須進行安全評估，而何謂「重要數據」則未明訂標準，甚為模糊。類似的情況讓企業擔心踩到地雷，甚感不安。

　　再往前一個月，7月26日中國工業和信息化部（簡稱「工信部」）宣布將對網路行業啟動為期六個月的「專項治理行動」，重點整治威脅數據安全和侵犯用戶權益等問題。

　　當時中國工信部公告指出已於7月23日部署專項整治行動，此高調行動被視為擴大規模整肅科技企業個資。近年來中共當局對中國大型數位科技企業以涉嫌壟斷以及數據問題開出巨額罰單，雷厲風行，震驚中外。

　　例如：2019年11月中國工信部曾經針對「侵害用戶權益」的應用程式（APP）展開「專項整治行動」，直到今年6月11日，兩年半累計檢查117款應用程式，並於7月25日公布第15批需要整改的應用程式清單，涉及「擾亂市場秩序、侵害用戶權益、威脅數據安全、違反資源管理規定」四大方面問題。

　　7月初美國《CNBC》曾經報導，從阿里巴巴螞蟻集團345億美元的赴美上市案被喊停，到28億美元反壟斷罰款，數個月以來中共當局持續打壓中國數位科技企業，名義上整治焦點為反壟斷以及金融監管。而今中共當局已將目標轉向掌控數據。

中共掌控之網逐漸擴及國際

不僅中國數位科技巨頭的數據受到監管之威脅，在中國營運的外國企業也難逃。6 月中旬《華爾街日報》報導，中共呼籲中國科技巨頭分享數據，並且要掌控在中國經營的美國企業數據，主因中共總書記習近平要約束影響力日益擴張的科技業，並轉而讓其配合中共利用。

《華爾街日報》指出，根據官方文件與採訪發現，中共當局已經呼籲騰訊、阿里巴巴和抖音（TikTok）母公司字節跳動等大型科技公司開放數據，並為此量身打造法規，以避免此前部分企業拒絕配合交出數據之疑慮。

市場一般認為近期中共當局急於管控數據，主因中國科技巨頭所收集與掌控的數據激增；其次為中共高層擔心眾家科技巨頭可能利用海量深入民間的數據強化影響力，甚至衝擊政權；其三為中共認定這些數據為「國家資產」，政府有權堂而皇之取得與利用──這也正是中國與民主自由法治國家在數據主權上的最大歧異與衝突。

中國法律已規定如果涉及國家安全，任何個人與企業都必須與政府合作，配合交出數據與資訊，其中當然包括在世界收集大量外國數據資訊的中資企業，例如：美國川普總統任內曾經設法限制的國際版抖音（TikTok）以及微信。

如今中共已經毫不掩飾掌控數據資源的野心，並且佈局層層複雜且模糊的法規，逐步付諸行動，影響所及已經不僅限於中國境內的中外企業，甚至將八爪長臂伸向全球各國企業組織甚至政府，倘若世人對此掉以輕心，甚至視而不見，勢必將付出沉痛代價。

2021 年 9 月 29 日

17

假媒體、假紀錄片、假電子書席捲全球：
中共假訊息宣傳戰迅速國際化

　　美國知名資安報告發現，有 72 個假訊息網站以多種語言為中共進行大規模政治宣傳，這些網站來自同一家上海公關公司，訊息多為配合中共敘事與攻擊西方盟國。近期種種跡象顯示，中共假訊息宣傳戰不僅如病毒迅速傳染，而且已朝多語、多元發展，迅速國際化。

　　法國國際廣播電台日前報導，美國資安公司麥迪安（Mandiant Corporation）8 月 4 日公布最新調查報告指出，至少有 72 個假訊息網站以 11 種語言進行親中共大外宣、美化新疆形象、攻擊美國與西方盟邦，這些假訊息網站自稱獨立媒體，看來也像國際獨立媒體，其實「散佈與中國政治利益一致的內容」，並且皆屬於中國公關公司「上海海訊科技有限公司」（Shanghai Haixun Technology Co., Ltd）。

　　上海海訊官網顯示，其公關行銷服務項目包括「專家級全球新聞發布」和「國外社交媒體數字營銷」，能夠「同步投放四十多種語言，覆蓋一百多個國家」。這些假訊息媒體網站則被冠以地方媒體名稱，例如《奧地利週刊》、《關注俄羅斯》、《台灣焦點》、《財富台灣》、《香港日報》、《香港週報》等。

麥迪安報告備受重視

麥迪安報告指出，這些網站可疑內容例如：冒用以反共知名的美國聯邦參議員盧比歐（Marco Rubio）身份，發出多封假訊息信件，詆毀調查新疆維吾爾人權的學者之名聲；嚴厲批評美國聯邦眾議院議長裴洛西訪問台灣；於 3 月美國前國務卿龐佩奧訪台之際，大量批評龐佩奧是因為金錢利益以及準備參選美國總統而訪台。甚至以烏克蘭文誣指美國在烏克蘭的生物實驗室害死許多烏克蘭人。

麥迪安為擁有美國軍方背景的民營資安技術公司，創辦人曼迪亞（Kevin Mandia）為前美國空軍情報中心軍官。麥迪安因為在 2013 年初詳細揭露中共軍方駭客攻擊上百家美國企業竊取商業機密，一戰成名，多年來因為經常發表權威資安報告備受重視，美國科技巨擘微軟與 Google 都曾有意收購。

不久之前，麥迪安才剛於 6 月 28 日發表報告指出，一個利用數千假帳號支持中國政治利益的網路群體，在社群媒體上佯稱在地人士，企圖以環保等名義抗議美國與加拿大開發稀土礦場，藉以保護中國稀土之競爭優勢。目前中國擁有全球最多稀土產量，已經以禁止稀土出口威脅美國、日本等先進國家。

根據彭博社 6 月 29 日報導，麥迪安發現此假帳號網路群體偽裝為關心稀土礦場開發的在地居民和環保人士，在臉書等平台策劃抗議澳洲萊納斯稀土公司（Lynas Rare Earths Ltd）與美國合作的德州稀土處理廠，宣稱該案會造成不可逆的環境污染以及可能致癌的放射性污染，批評美國總統拜登打算加速開採。

萊納斯稀土開發案的重要性在於，美國國防部五角大廈去年

與萊納斯公司簽訂 3000 萬美元合約擬於德州興建稀土處理廠。萊納斯指出該合作案將有助於滿足全球四分之一的稀土需求量。

麥迪安將這些親中共網路群體行動命名為「龍橋行動」（Dragonbridge），龍橋行動也煽動反對加拿大艾比亞稀土與鈾礦集團（Appia Rare Earths & Uranium Corp.）在薩克其萬省（Saskatchewan）的新礦場，以及美國稀土公司（USA Rare Earth LLC）在美國奧克拉荷馬州的礦場開發計畫。麥迪安報告指出橋龍行動甚至多次散布烏克蘭戰爭假訊息，例如宣稱美國在烏克蘭實驗室儲存生化武器。

去年麥迪安曾經提醒國際社會，應警惕利用假訊息進行中共大外宣的網路群體行動。路透社和資訊產業媒體 ZDNet 於去年 9 月 8 日報導，「麥迪安威脅情報」（Mandiant Threat Intelligence）指出早在 2019 年已經發現此類行動，當時大量中英文假帳號突然竄進臉書、推特、YouTube 等各大網路平台，聚焦打擊香港民主運動，因為擴張迅速以及戰術多變，引起資安專家關注。

當時麥迪安威脅情報還指出，除了中英文，還觀察到各國平台上有大量俄文、德文、韓文、日文、西班牙文等內容呼應中國官方口徑，相互連結或使用相同圖片。而幕後操盤主角將宣傳業務外包給第三方公關公司的作法已成趨勢，此將模糊主角政治身份讓宣傳更有效率，值得關注。

中共假訊息宣傳多元化

中共假訊息宣傳戰近年不僅迅速發展為多語言、國際化，形式也更為多元，卻不免鬧笑話。

原由香港大學新聞及傳媒研究中心創立的香港獨立新聞傳

媒機構「中國傳媒研究計畫」近期揭露，以香港爲背景、歌頌中共政府並且抨擊民主運動的紀錄片《春，又見香港》（Spring, Seeing Hong Kong Again），宣稱贏得最佳紀錄片獎項的「布拉格電影節」，其實並不存在，而其宣稱獲得參展法國坎城電影節資格，其實只是在付費即可參加的「坎城電影市場展」（Marché du Film）放映而已。

該計畫報告指出，找得到的《春，又見香港》掛名製作與顧問對此多否認或者拒答，列名顧問的瑞士資深電影人 Jasmin Bašić 甚至表明根本不知道有此電影。看來企圖歌頌中共、「說好中國故事」的影展大外宣失靈，顯然弄巧成拙、貽笑國際。

此外，自由亞洲電台 8 月 8 日報導，許多分析美中台關係的親中共劣質電子書，近期在亞馬遜 Kindle 電子書平台上架，其中最早一本於 7 月 31 日上線，最晚一本則在 8 月 6 日，恰是裴洛西訪台前後。這些中共宣傳電子書作者不明，其中一本《中台衝突悖論》（The China and Taiwan Conflict Paradox）列名作者，竟是以諷刺極權統治的政治小說《1984》知名的英國作家喬治‧歐威爾（George Orwell），殊爲荒謬。歐威爾早於 1950 年辭世。

中共假訊息大外宣猶如不斷擴張演變的赤色病毒，自由民主陣營應對挑戰，恐怕不能止於各行其是、見招拆招，必須聯合盟國力量，建立合作機制，嚴肅以對，並且持續進化。

2022 年 8 月 25 日

18

玩抖音玩到毫無戒心：
標準溫水煮青蛙

　　流行全球的中國短影音平台「抖音」（TikTok）資安醜聞頻傳，近期專家發現其應用程式內建瀏覽器，用戶打字以及交流內容會被監看存取，包括密碼和信用卡號碼等敏感個資，中國政府並曾要求 TikTok 主管開設「隱形帳號」以便進行大外宣，國際合作應對抖音的威脅，恐怕刻不容緩。

　　抖音創辦於 2016 年 9 月，母公司北京字節跳動（ByteDance）於 2017 年併購美國影音平台 musical.ly 之後，於 2018 年推出國際版 TikTok 爆紅，短短三年後 TikTok 在全球擁有超過十億活躍用戶，持續高速成長。資安公司 Cloudflare 於 2021 年底指出，當年 8 月 TikTok 已經超越 Google 成為全球流量最高的網站。

官方背景備受世人忽略

　　字節跳動的中國官方背景備受世人忽略。2021 年《路透社》曾經援引中國「企業信用信息公示系統」指出，字節跳動主要中國官方投資人為「網投中文（北京）科技有限公司」，該公司隸屬於三家中國官方機構，包括中國互聯網投資基金、中央人民廣播電台子公司、北京市文化投資發展集團，其中中國互聯網投資基金由中國國家互聯網信息辦公室（網信辦）與中國財政部所共

同設立。

《紐約時報》與科技網媒 MacRumors 指出，著名資安工程師克勞斯（Felix Krause）測試發現，TikTok 在 iOS 版的內建瀏覽器會將 JavaScript 程式傳送到外部網站，使得 TikTok 可以監看用戶所有交流以及輸入內容，自然包括相當私密的密碼和信用卡號碼。克勞斯表示此情況令人擔憂，因為顯示 TikTok 內建跟蹤用戶線上使用習慣的功能，只要想執行，就能這麼做。

前 Google 工程師克勞斯多年前曾經造訪台灣，他開發的 fastlane 專案是許多 iOS 和 Android 開發者常用的工具。克勞斯在美國商業雜誌《富比世》（Forbes）專訪表示，TikTok 內建瀏覽器並非簡單的技術任務，這是 TikTok 當局主動為之，不會是寫錯程式或者隨機發生。

TikTok 坦承有些爭議性的程式與功能，但表示並未運用。一位發言人告訴《富比世》這些並不是惡意編寫的程式，而是用來「除錯與排除障礙」，並且否認應用程式內建瀏覽器監控用戶。

此外，《彭博社》6 月 29 日報導，2020 年中國政府曾經接洽 TikTok 高階主管，企圖開設「隱形帳號」以便隱匿官方身份進行政治宣傳，但是兩位主管拒絕配合。

美國前總統川普曾經直指 TikTok 為中共喉舌，擔心 TikTok 的資安問題，限於 2020 年 9 月 15 日「賣給美國公司，否則關門。」並且簽署行政命令禁止新下載 TikTok 以及相關技術交易，這些禁令後來被告上法院，未正式生效。

拜登上台後，2021 年 6 月 9 日解除 TikTok 禁令，當時面對外界質疑「放水」，拜登當局表示會有配合國安評估措施，然而迄今未見後續積極處置，雖然資安醜聞不斷，TikTok 依舊蓬勃發展。

《彭博社》指出，2020 年 4 月 TikTok 政策與政府關係主任坎特（Elizabeth Kanter）收到「中國政府機構有興趣在 TikTok 開帳號，但不想公開暴露官方身份」之訊息，主要目的是「向外界展示中國最好的一面」。事後坎特和企業事務主管暨法律總顧問安德森（Erich Andersen）拒絕中國官方要求。《彭博社》認為此事件顯示 TikTok 高管面對中國當局施壓的高度緊張關係。

資安醜聞不斷　依舊蓬勃發展

長期以來 TikTok 數據安全備受質疑，外界擔憂中國政府藉以蒐集全球用戶個資，TikTok 則是多次辯護與保證，母公司字節跳動雖是中國公司，總部雖在中國，但是國際業務獨立運作，不受中國政府影響，尤其美國用戶數據都存在中國境外，例如美國或新加坡，TikTok 從未向中國政府提供美國用戶資料——此說備受社會輿論高度質疑。

例如，美國新聞網媒 Buzzfeed 於 6 月 17 日揭露，根據外流的八十多個 TikTok 內部會議錄音檔，字節跳動的中國工程師從去年 9 月到今年 1 月多次取得 TikTok 美國用戶個資數據，檔案中還提到「中國那邊可以看到所有（資料）」，並且提到某位北京主管有權限可以取得「所有東西」。

除了在國際大肆收集數據，中共以維穩之名對數億中國公民大規模收集個資數據，早已招致疑慮與警惕，並有知名媒體深度調查證實。

美國《紐約時報》於 6 月 21 日公布為期一年多的調查結果，指出為了「確保中共威權統治」，中國政府正在執行史上最大規模的公民個資數據收集行動，手法包括臉孔辨識、手機追蹤、無

差別取得生物特徵數據，並且建立世界最大的 DNA 數據庫，以圖掌控公民身份、活動以及社會關係。《紐約時報》這份調查動員視覺調查團隊以及駐亞洲記者，分析多達逾十萬份中國政府招標文件。

《法新社》報導，TikTok 曾於 6 月底發函回應 9 名美國共和黨聯邦參議員對其數據管理與政策的質疑，雖然承認 BuzzFeed 的報導，但強調僅限於「該公司美國安全團隊監督的強大資安控管及授權批准協定」範圍之內。

對此，美國聯邦參議院情報委員會兩黨領袖緊急致函拜登政府，7 月 5 日向聯邦貿易委員會（FTC）主席琳娜·汗（Lina Khan）呼籲調查 TikTok 向中國當局洩露美國用戶數據虛實，以及刻意誤導國會，敦促審查 TikTok 如何保護個資。如今 TikTok 正接受外來投資對美國國安風險評估機構「美國外來投資審查委員會」（Committee on Foreign Investment in the United States, CFIUS）調查，然而據悉相關調查從 2020 年春季開始，迄今已經進行兩年。

隨著抖音 TikTok 持續擴張，用戶玩得毫無戒心，憂心忡忡的警示者似乎只能窮緊張，國際社會看著相關資安醜聞陸續被「抖」出來，卻幾乎一籌莫展。看著逾十億用戶沉溺短暫影音歡娛中被「溫水煮青蛙」，卻能同時坐收龐大廣告利益以及政治利益，對中共而言，這真是黨國劃時代的偉大發明。

2022 年 9 月 01 日

19

來自中國的「台灣小伙」們
又蠢蠢欲動了

隨著年底選舉逼近，中共對台灣認知戰持續增強，不僅頻率驟升，類型也更為多元，國人必須提高警覺。

俄烏戰爭爆發不久，所謂網紅「台灣小伙」自稱在烏克蘭拍片，誇讚「祖國」中國外交單位包機撤僑效率神速，高呼「要永遠愛祖國母親」。台灣國安局長陳明通3月底表示國安局第一時間溯源揭穿謊言，發現「台灣小伙」並不在烏克蘭而在深圳，是中國栽培的網紅。

3月28日立法院外交及國防委員會邀請國安局長陳明通與相關情報機關，以「國家情報工作暨國家安全局業務」進行祕密報告並且備詢。陳明通表示，許多假訊息經過溯源可發現是來自中共戰略支援部隊或者相關部門，部分台灣在地協力者主動配合，中共耗費相當大力氣進行認知戰，影響力可觀。

5月16日陳明通進行專案報告，再度提及這樁假冒台灣網紅稱讚中國之造謠案例，企圖炮製「關西機場事件」，警示中共培植網紅進行認知戰。

中共對台認知戰多元化

針對輿論關注中共培訓網紅對台統戰，並且透過抖音（Tik

Tok）、小紅書等中國社群平台影響台灣年輕人認知，陳明通也表示國安等單位查知相關現象，積極進行溯源管理。

6月8日《自由時報》報導「中共藉疫亂台，祭三招認知戰」指出，官方情資顯示，中共藉由「內容農場」協同台灣協力者加強認知戰力度，形塑「民主共存防疫更差」之假象，除了轉移中國民眾對中共防疫政策的不滿，並且企圖延宕台灣政府施政。

報導引據情資分析，中共協同內容農場、臉書粉專、社群平台，藉疫擾亂台灣決策，手法有三，包括：「寄生」於名人政要發文掩飾農場謠言；以「孩童死亡率」煽動社會恐慌，打擊對政府信任；以疫情「綁架」政府決策，介入年底選情。

例如當時多種內容農場與粉專、平台援引台灣藝人貼文，群起大量散播「很多孩子走了」謠言，誘使政府澄清，易遭「言論審查」質疑與對立衝突，達致中共認知戰目的。專家指出，數十個粉專與平台在短時間內大量釋出相同內容，顯然是「協同行為」，操作單位被察覺後應會調整手法，猶如病毒進化。

此外，6月18日台灣外交部針對台灣媒體「政治公關幫桃機遊說美境外通關，兩通電話索價310萬元還失敗」、「陸外交部稱，政治公關費只是台灣『孝敬』美國冰山一角」等報導，譴責部分台灣媒體以及中國外交部與官媒，連日接力扭曲台灣合法聘用公關組織協助對美工作，正是來自中國有系統的認知戰，呼籲媒體切莫移花接木。

外交部強調，中國當局把經過台灣立法院合法編列預算並且透明監督的公關經費污衊為「孝親費」，企圖滋擾台灣社會，正是典型對台認知戰。

7月11日台灣青年數位文化創新協會、資策會、中研院資訊

科技創新研究中心等單位於台灣大學合辦「網路訊息戰與國家安全國際論壇」，多位學者專家與會。長期關注中共認知戰的台北大學犯罪學研究所助理教授沈伯洋表示，中共對台認知戰最大宗言論並非傾中言論，而是「反美、反日、反西方國家」，中共試圖瓦解台灣對美國為主的西方民主陣營之信任，台灣對此需要建立強大「心防」。

會中前國安會諮委、中研院院士李德財也指出，日本前首相安倍晉三遇刺之後，馬上有大量中國人與假帳號在日本新聞留言發布台灣人慶祝的假消息，意圖分化台灣和日本、塑造台灣社會反日假象，此案例呼應了沈伯洋的警告。

積極滲透網路內容與平台

此外，中研院歐美所副研究員洪子偉與國防安全研究院長期分析中國對台認知戰模式，並從認知科學預測編碼模型評估成效以及未來發展，研究成果於 7 月刊登在英國牛津大學出版期刊《全球安全研究》（Journal of Global Security Studies）。這項研究費時兩年，對於各國應對中共認知戰頗具參考價值。

洪子偉研究指出，中共對台認知戰模式多元化，戰場已從實體交流轉向網路內容、精準廣告等，比如將資訊貧乏的內容農場轉為內嵌中共意識形態的知識百科，以假亂真，值得警戒。

洪子偉發現，中國經濟高速發展時期喜用的正面自誇宣傳，近年已漸轉型為打擊政敵的負面宣傳，例如將資訊貧乏的內容農場如「每日頭條」（kknews），包裝成知識百科，內嵌中共意識形態，宣傳「美國如何背棄盟邦」、「美國亞裔與非裔如何受到歧視」等「美帝」惡行，意圖詆毀美國形象、挑撥美國與民主盟邦。

此外，洪子偉指出網路上許多談論生活、娛樂、科普等中文內容，論及國家、城市、法規、觀念等都來自已經經過中共審查的中國學術網路或者微信等平台，特別對台灣讀者「潛移默化」。如今滲透網路內容已經是中國認知戰的重要手段，台灣年輕人大量暴露於中共資訊操縱風險環境，例如中國內容網站與抖音等平台，值得高度警惕。

除了前述種種中共認知戰案例，近期突然鬧得沸沸揚揚的楊丞琳吃海鮮、慈濟基金會執行長抱怨擋疫苗、醜化裴洛西訪台、蔡英文「賣寶求榮」、中共軍演耀武揚威等等，每齣配合的「演員」以及「劇情」高度相似，套路之粗糙卻也不免備受嘲諷。

縱有樂觀者將中共認知戰比喻為民主體制的免疫實驗，國人依然必須警惕 —— 中共本質是為求生存不斷樹敵鬥爭不斷試圖「進化」的「殭屍病毒」，對於其處心積慮進行鋪天蓋地的認知戰，千萬不容大意。

2022 年 9 月 17 日

Part 3

歷史事件・見縫插針

20

武漢肺炎敲響警鐘：中共滲透
國際組織危及全球秩序

俗稱「武漢肺炎」的 2019 新型冠狀病毒（2019-nCoV）疫情迅速擴散全球，聯合國所屬的重要國際組織──世界衛生組織（WHO）、國際民航組織（ICAO）──皆扮演協助防疫之重要角色。在各國聯合防疫的過程中，中共滲透國際組織威脅全球秩序之嚴重問題，再度引起關注。

武漢肺炎疫情發展至今，WHO 祕書長譚德塞（Tedros Adhanom Ghebreyesus）從爆發初期嚴重誤判疫情，到謬讚中共當局善用體制優勢有效控管疫情，以及不建議各國撤僑等荒謬舉措，並且一再阻止台灣專家參與重要會議，在在引發國際輿論與領導人的抨擊及非議。

有日本資深權威醫學專家對 WHO 被中共意識形態把持的現象看不下去，明指台灣醫療專業水平與人才早已凌駕 WHO 專家會議，可獨立邀集各國專家召開防疫會議。

國際社會付出嚴重代價

此外，ICAO 也持續排除台灣，拒絕向台灣提供最新國際民航訊息以及武漢肺炎疫情。WHO 與 ICAO 的決策高層人事，都可顯見中共精心布局將意識形態深植國際組織決策之痕跡。這些

中共意識形態的擴張，已經造成許多專業誤判，讓國際社會付出嚴重代價，威脅全球秩序。

WHO 是中共經營聯合國組織之重點，也是第一個由中共代理人主政的聯合國重要機構，擁有 194 個成員國。祕書長譚德塞為非洲衣索比亞前部長級官員，於 2017 年由中共扶植的「非洲聯盟」多國代表支持上任，衣索比亞正是中共「非洲大撒幣」的重點國家。

曾經擔任中共衛生和計畫生育委員會國際合作司司長的任明輝（Ren Minghui），於 2016 年被任命為助理總幹事，負責愛滋病、結核病、瘧疾等防治事務，2017 年起擔任負責傳染病的助理總幹事，在此時武漢肺炎防疫居於重要決策地位。

WHO 祕書長譚德塞前任為香港前衛生署長陳馮富珍，陳馮富珍是中共「攻佔」WHO 高位的指標人物，曾在 2006 年 WHO 祕書長補選時，被輿論指控由於中共向非洲國家「大撒幣」，買通非洲國家代表而當選，後於 2017 年卸任。中共「栽培」的陳馮富珍一向配合中共政令、常為中共辯護，例如 2013 年中國爆發 H7N9 禽流感，中共極力隱瞞疫情，陳馮富珍卻稱讚中共當局處置「迅速」、「透明」。

陳馮富珍曾在 2014 年非洲爆發伊波拉疫情時被批貽誤時機，導致上萬人死亡。在 WHO 經費嚴重不足下，高層每年出差經費高達兩億美元，遠超愛滋病等疫情防治經費，執政奢侈風格也備受抨擊。然而，忠於中共當局的陳馮富珍仍是政通人和、榮華富貴，現任中國全國政協常委。

至於擁有 192 個成員國的 ICAO，主要負責制定國際民航技術標準和政策，現任祕書長柳芳於 2015 年 3 月當選，2018 年

3 月連任，任期至 2021 年。柳芳為前中共民航單位高官，也是 ICAO 首位中國籍祕書長。

柳芳主政下的 ICAO，不僅極力稱讚與配合習近平倡議的「一帶一路」戰略，並且加強對台灣國際合作空間的箝制，使得處於東亞交通樞紐的台灣，長期無法直接獲取國際民航標準情報以及疫情資訊，並且拒絕台灣代表與媒體出席三年一度的國際民航組織大會。ICAO 對台灣持續的惡意霸凌，在近期武漢肺炎防疫期間，已經引爆國際輿論與公憤。

此外，中國農業農村部副部長屈冬玉於去年 6 月 23 日當選為聯合國糧食及農業組織（FAO）祕書長，引發法國輿論界關注及著名媒體大幅報導。法國《費加洛報》（Le Figaro）記者普呂耶特（Cyrille Pluyette）分析，多年來中國取得許多國際組織高位，擔心中國藉機發展私利、壓制各國對中國人權等批評、否定普世價值、重塑全球治理秩序。

普呂耶特撰文指出，國際刑警組織（INTERPOL）前主席孟宏偉 2018 年秋天突然失聯，並傳出被祕密逮捕受審，其中疑點可見中共極為重視國際組織高官對中共的忠誠度。孟宏偉為中共公安部前黨委、副部長、中國海警局前局長，今年 1 月 21 日被中共判處 13 年半徒刑，主因於 2005 年至 2017 年受賄。

美國緊盯國際組織之中共代理人

近年，美國當局加速行動，緊盯國際組織之中共代理人，例如美國國會所屬的美中經濟安全審查委員會（U.S.-China Economic and Security Review Commission，USCC）一年多前曾經提案，呼籲川普政府當局基於安全理由，加強審查美中經濟與

技術合作項目，並且追蹤與記錄在國際組織擔任要職的中共代表。

　　USCC 開設了主題為「國際組織中的中共代表」（暫譯，The PRC in International Organizations）的研究專案，針對中共滲透國際組織發布備忘錄，列出在重要國際組織中擔任負責人，以及在聯合國主要機構與國際貿易金融機構中擔任要職的中共代表，每半年更新一次。USCC 主要目的是監督和調查美中雙邊經貿關係對美國國家安全的影響，是美國國會四大常設機構之一。USCC 每年聽取專家意見，評估中美關係，並向國會遞交年度報告。

　　在中共近 20 年的刻意經營下，許多著名國際組織已由聽命於中共當局指令的中共高官直接管理，例如亞洲開發銀行（Asian Development Bank，ADB）、世界銀行（World Bank）、國際貨幣基金組織（International Monetary Fund）、世界貿易組織（WTO）、聯合國、國際法院、國際電信聯盟等數十組織，族繁不及備載。

　　因應中共積極滲透國際組織之嚴肅問題，將是一場漫長而艱鉅的工程。

2020 年 1 月 31 日

21

真實版「瘟疫公司」？
武漢肺炎恐隨一帶一路擴散全球

俗稱「武漢肺炎」的 2019 新型冠狀病毒（2019-nCoV）迅速蔓延國際，不免引爆各國恐慌。一月底有專家在期刊《外交政策》（Foreign Policy）發表文章，特別提醒中共近年力推的一帶一路，隨著基礎建設陸續竣工，恐將導致武漢肺炎疫情失控，如今短短一週以來已有跡象可循，亟需國際社會關注。

武漢肺炎疫情爆發至今，全球確診人數迅速增加，近四天幾乎增加一倍，目前已約有 24,480 例，其中在中國約有 24,280 例。中國境內 1 月 23 日突然採取武漢封城嚴厲措施之後，迄今不但約有 20 座城市封城，而且實施封城地區已經逼近中國經濟重鎮，包括中國最重要的國際大都會上海。

中國疫情直線上升

如今中國上海以及北京都已經傳出感染死亡首例，其中北京首例發病五天即過世，發病前曾經前往武漢開會，並且行經鄭州、上海等都市，如今鄭州已經宣布封城，鄭州是台商富士康的生產重鎮，據悉駐有數萬台籍人士。

而在國際社會，為防止疫情入侵，各國紛紛對中國進行各種程度的封關措施，日前原已累計 60 餘國對中國進行「封關」入

境管制，2 月 3 日當日迅速增加到 80 餘國，這些國家包括許多素來似乎親近中共的「友邦」，例如最早斷然封關的北韓、早前關閉 4,000 餘公里中俄邊界的俄羅斯，以及極力擁護中共一帶一路計畫的哈薩克。

中共從 2013 年開始倡議一帶一路計畫，中國國家主席習近平更是領銜宣傳、不遺餘力，然而迄今發展六年多來招致不少「債務陷阱計畫」、「國際統戰布局」之抨擊與防範，另方面也有同情中共的學者專家認為中共不至於居心不良，一帶一路只不過是種「中國特色的全球化」。

據悉，一帶一路計畫北自德國北部，途經俄羅斯南部以及部分中亞國家，南到非洲東岸，甚至擴展至南亞以及太平洋另一端，至少經過 70 餘國，可說是史上最具野心的基礎建設投資計畫，可能直接聯繫全球三分之二總人口。

迄今，已經有百餘國與中共簽署程度不一的一帶一路合作計畫，隨著基礎建設、鐵公路等陸續竣工，以及大量中國工作人員活動，一帶一路計畫在國際輿論的質疑之下，匍匐前進。

然而目前由於避免疫情蔓延，大約佔合作計畫國家總數四分之一的 30 餘國，已對中國進行「封關」。

一帶一路瘟疫

彷彿警世預言，早在 1 月 24 日，專精於傳染病紀實文學的普立茲獎作家葛瑞特（Laurie Garrett）於《外交政策》發表專文，題為〈歡迎來到一帶一路瘟疫〉（Welcome to the Belt and Road Pandemic），警告世人關注一帶一路計畫與武漢肺炎的交互影響。葛瑞特在本文副標特別強調，「武漢肺炎病毒與從前的疫情

不同：中國無法進行隔離。」

　　資深科學作家葛瑞特是普立茲獲獎名著《大瘟疫》（The Coming Plague）作者，也是全球衛生與外交問題專家，曾在哈佛大學接受公共衛生專業訓練，2003 年 SARS 期間曾在中國與香港採訪，多次和病患與醫護共處一室。她在採訪伊波拉病毒期間也經常身先士卒親上前線，彷彿對抗瘟疫的勇敢戰地記者。

　　葛瑞特在文中指出，中共當局在疫情爆發初期誤導公眾，把醫生的嚴肅示警當做謠言處置，事發後還宣稱新病毒可防可控，欠缺積極意識，錯失抗疫先機。

　　長期以來，葛瑞特特別關心人口密集地區的傳染病，藉由全球化運輸網路傳遍全球，倘若疫情危及非洲等第三世界國家，鑑於這些區域醫療水平普遍低落，恐將導致更難控制的全球性重大悲劇。

　　特別在中共推動一帶一路之後，中國人口與第三世界國家交流更為密切，在深入西伯利亞、喜馬拉雅山脈和非洲的基礎建設發展過程中，武漢肺炎恐將迅即「全球化」，惡化成為「一帶一路瘟疫」。

　　葛瑞特特別關注中國在撒哈拉沙漠以南非洲國家的利益擴張與基礎建設，特別是肯亞、尚比亞、吉布地、辛巴威、安哥拉、坦尚尼亞、衣索比亞等國家的醫療衛生與能力，無法因應類似 SARS 的傳染疾病，而且普遍存在營養不良、肺結核、瘧疾、愛滋病與多種寄生蟲疾病，更容易被疫情攻陷。

　　葛瑞特持續在推特發表對武漢肺炎的專業觀察，例如 2 月 5 日才剛推文指出：2 月 1 日全球確診 12,031 例、死亡 259 例，2 月 4 日確診 24,539 例、死亡 492 例，短短四天增加一倍；歐洲國

家要求公民立即離開中國；武漢大規模的臨時醫院將成為大規模
傳染夢魘等等。

如今隨著武漢肺炎入侵一帶一路相關國家之案例逐漸增加，
已經嚴重威脅這些合作國家安全，以及一帶一路計畫的存續。

註：《瘟疫公司》是一款戰略模擬遊戲，玩家的目標是將病原體
　　傳播至整個世界。

2020 年 2 月 5 日

22

中共對疫情公然「甩鍋」，
美中新冷戰升溫

中共外交部發言人趙立堅 3 月 12 日在官方推特發文，宣稱 2019 年冠狀病毒疾病（COVID-19，下稱新冠肺炎）爆發可能源自美軍帶到武漢，影射疫情是美國的陰謀，將肺炎相關爭議提升到美中外交衝突層次，更使美中貿易戰以來的新冷戰急遽升溫。

在趙立堅刻意以中英文雙語所發的幾條推文上，這位外號「戰狼發言人」的「新秀」對美國嗆聲：「零號病人是什麼時候在美國出現的？有多少人被感染？醫院的名字是什麼？可能是美軍把疫情帶到了武漢。美國要透明！要公開數據！美國欠我們一個解釋！」

「戰狼」甩鍋要美國解釋

趙立堅在推特上傳 11 日美國國會聽證會的影片，內容為美國疾控中心（Centers for Disease Control and Prevention, CDC）主任雷德菲爾德（Robert Redfield）在眾議院監督委員會，對疑似流感死亡的美國人身故後被檢測出新冠病毒之相關討論，民主黨籍眾議員魯達（Harley Rouda）當時問責，是否可能有新冠病患早前因欠缺檢測試劑，而被誤判為流感。

這種公開聽證討論是強調問責制衡的民主自由國家所常見，

在中共的演繹之下，卻成了見縫插針、斷章取義、刻意曲解、煽風點火的「良機」。

除了上傳這則影片之外，趙立堅的推文更轉載在網路流傳數週的八卦來炒冷飯，指稱病毒起源於美國，由美國軍人赴武漢參加世界軍人運動大會所刻意傳播，還呼籲大眾閱讀，讓許多中國網民哭笑不得。

此等八卦早已被駁斥，典型的回應是：「既然參加軍運會的美國人是首批感染者，為何只傳給武漢人，而他們來之前、來之後在美國卻沒擴散，偏偏在中國就擴散？當世衛和全世界專家都是弱智啊？」

也有中國網民模仿趙立堅語氣回應：「Shame on you！怎麼不徹查武漢病毒所？可能是武漢病毒所把疫情帶到了市區。武漢病毒所要透明！要公開數據！武漢病毒所欠我們一個解釋！」

趙立堅的發文，延續並且催化他在 3 月 4 日記者會上的發言熱度，當時他除了「堅決反對」稱呼新冠病毒是「中國病毒」，並且引述中國病毒專家鍾南山 2 月 27 日在廣州醫科大學舉辦的疫情防控專場新聞通氣會上，一段沒有科學根據的臆測，表示疫情「雖然首先出現在中國，並不一定發源在中國」。

此前，美國國家安全顧問歐布萊恩（Robert O'Brien）3 月 11 日出席美國華府智庫傳統基金會（Heritage Foundation）演說，強調病毒源於中國武漢，並直言中共當局在初期隱瞞疫情，禁止醫生對疫情發言與示警，讓世界浪費兩個月寶貴時間，這兩個月正是遏制疫情爆發的關鍵。

歐布萊恩表示：「如果那兩個月我們能對病毒進行檢測，得到中國必要的合作，WHO 團隊能到現場，也讓美國 CDC 團隊到

現場，我們可以大量減少中國病例，以及正在世界發生的病例。」

應非巧合，從習近平 3 月 10 日匆匆視察武漢之前不久開始，中國網路反美言論暴增。中共顯然警覺群眾不堪疫情，民怨沸騰，因而亟欲轉移焦點，成就「甩鍋」（嫁禍）給美國等國家之「大國戰疫」戰略。而趙立堅的官方推文言論顯然不是私人表忠的激情暴衝，而是配合近期中共文宣戰術步調，特別是抹黑美國、鼓動國內民粹，再度煽動中國人民總是歷史的受害者之形象與印象。

美國察覺中共甩鍋惡戰

美國當局與大量媒體也察覺中共積極甩鍋的醜態與節奏，例如《華盛頓郵報》（The Washington Post）3 月 5 日指稱，中國網路近來散布大量假訊息與煽動民粹言論，包括「美國掩飾冠狀病毒疾病死亡病例」、「美國是武漢肺炎起源」、「美國應向中國抄功課」、「全球危機不是中國的錯」、「中國不必道歉」等強烈訊息，未受網管干涉刪除，顯係官方刻意為之，這些反美陰謀論從 2 月底開始激增。

此外，近日中共「新冠肺炎疫情期間涉美宣傳指導綱要問答」等內部資料被揭露廣傳，中共操控國內外網路輿論的具體手法隨之曝光。這份「指導綱要問答」相當真實，被視為中共當局對網路五毛與黨國自媒體等煽動群眾仇視美國之統戰指導方針，內容層次井然。

例如，「如果美國沒有爆發疫情，應著力宣傳病毒是美國對華人開展生物戰，但只能讓紅色自媒體去實施」；「如果美國爆發大規模疫情，則稱美國政治體制不利於疫情防控，大力肯定中

國的制度優越性」；「如果美國死亡數少，就強調死亡率，如果死亡率低，就指控美國政府隱瞞數據，把新冠肺炎死亡統計為流感死亡數」。

此外，「如果美國開發出特效藥，就指出美國醫療成本昂貴，順便提醒中國醫療費用低廉的優越性」；「如果美國民眾譴責政府，就強調美國政治體制無法反映民意」。

在政治上，「如果兩黨在疫情上對立加劇，就指美國政治體制是狗咬狗」；「如果兩黨合作抗疫，就強調兩黨制的虛偽性和欺騙性」；「如果美國確診數不多，死亡數不多，死亡率不高，就強調中國做出巨大犧牲，保護了世界」。

為了在危急之秋「安內攘外」以維繫政權，中共在意的已經不是國內疫情數據的真相，以及到底有多少國民病亡。中共的政治公關戰略已經如火如荼，甩鍋文宣與戰術幾乎沒有道德底限，而且已經分不清到底是「大外宣」還是「大內宣」。如此惡劣情境之下，再談什麼中國疫情趨緩，早已不足取信，沒有任何意義了。

2020 年 3 月 16 日

23

防疫兼防假新聞？
義大利怒揭中共官方作假

　　中共日前派專機運送大量防疫物資到義大利，並且藉此加強宣傳中共發揮善心外援，更宣稱義大利人熱情感謝，強化中共義助國際友邦之形象。然而，此舉引發義大利輿情憤怒，義大利前通訊部長以網路直播批評中共製造謠言，痛斥中國是地球的毒瘤，呼籲歐洲國家藉此醒悟，看清中共謊言，別再被欺騙。

義大利前通訊部長痛斥中共

　　日前，義大利前通訊部長加斯帕里（Maurizio Gasparri）在網路影片痛斥中共：

　　「中國沒有送我們任何東西，那些到這裡的物資都是我們付錢的，中國是地球上最糟糕的一個國家，他們以不正當的競爭手段，讓其他國家陷入經濟危機，也是塑料汙染和碳排放最嚴重的國家，是沒有在武漢肺炎疫情傳染上道出真相的國家，也是由共產黨領導下故意拖延和提供假訊息的國家，中國是地球的毒瘤。歐洲需要從這樣的情勢下醒悟，不要再被中國的謊言騙了，中國對地球並不是資源，而是危險。」

　　據悉，此前義大利當局曾向中國提出防疫物資需求，擬將進口 800 萬片口罩，總價約達台幣 4 億 6 千萬，平均每個口罩貴達

57 元台幣。

　　中共當局近期對國際社會「大甩鍋」，試圖嫁禍西方先進國家，轉移中國因疫情爆發所遭受來自國內外的責難，並且為習近平政權減壓。在世界衛生組織（WHO）轉移焦點配合宣傳疫情核心是歐洲的同時，更強烈影射病毒是美國軍方帶到武漢的陰謀論。

　　此外，中共當局對國內疫情真相加強「蓋牌」，並且對國外塑造國際社會的「救世主」形象，在對內持續粉飾太平、對外企圖豬羊變色的同時，全球各地大量中國華僑信以為真，蜂擁返國，塞爆機場。

歐洲的湖北，義國疫情險峻

　　中共積極塑造國際救世主形象，義大利便成為首要目標。義大利近年過度親近中共，已經引發歐盟與美國高度警惕，去年初義大利總理與中共簽署一帶一路協議，遭受歐盟與美國多次警告，也因此義大利被視為中共搶進歐盟的重要橋頭堡，而政府對於中共的態度與政策，也是近年義大利政壇爭執的焦點之一。

　　配合中共大外宣積極營造在國際捐贈醫療物資的形象，日前中國外交部發言人華春瑩在推特聲稱有義大利人在自家陽台喊「謝謝中國」，甚至還在街頭播放中共國歌等事蹟，企圖以義大利的角度對中共歌功頌德。

　　然而義大利媒體《Linkiesta》以「夠了，多謝！」為題刊文，批評中共當局趁疫情之亂對義大利與全世界散佈假消息，並且表示義大利是個嚴肅的國家，義大利政府在對抗疫情的關鍵時刻應該勇於澄清。

對於中共悖離事實的大肆宣傳，除了前通訊部長加斯帕里以網路直播痛斥，有「美女議員」之稱的義大利國會議員梅洛尼（Giorgia Meloni）也揭露，中共宣揚專機運送物資到義大利是騙術，梅洛尼強調：「他們騙不了我，中國不是我們國家的救世主。」「是中國人將病毒帶到義大利，千萬別將中國當成模範樣板。」

義大利知名記者龐皮利（Guilia Pompili）也撰文指出，根據外交部和民防部消息來源證實，中國寄來的東西並非免費，也並非捐贈，而是由義大利外交部長向中方採購。龐皮利強調，近期中共積極美化宣傳「中國抗疫的全球模式」，現在又大量出口醫療物資，這是第二波政治文宣。龐皮利奉勸世人，只要觀察中共官方媒體，就可以發現目前的宣傳主軸正是「慈善的中國」。

義大利是歐洲疫情最嚴重的國家，也是全球僅次於中國的重大疫區，被稱為「歐洲的湖北」，目前確診數已經超越 3 萬病例，病亡超越 2500 例，包括 70 歲的切內市（Cene）市長瓦洛帝（Giorgio Valoti）。

義大利疫情尚未緩和，醫療體系瀕臨崩潰，米蘭薩科醫院（Sacco Hospital）傳染病專家加里（Massimo Galli）深感擔憂，表示疫情爆發「猶如海嘯，卻只是冰山一角，即使像我們這樣世上最好的醫療機構，也無法承擔這樣的風險」。

2020 年 3 月 18 日

24

「必須停止向霸主叩頭」——
疫情敲醒全球，多國群起追究中共

發生於武漢的 2019 新型冠狀病毒疾病（COVID-19）疫情蔓延全球，截至 4 月 7 日，超過 187 個國家共 137 萬人確診，8 萬餘人死亡，可說是二戰以來全球最大災難。

近期多國紛紛指控中共當局從去年底至今隱瞞疫情、拒絕國際專家協助調查，連中國「盟友」伊朗衛生當局，也忍不住砲轟中共隱匿疫情、扭曲資訊，誤導全世界。

巴西教育部長溫特勞布（Abraham Weintraub）日前則推文暗示中國利用疫情企圖「統治世界」，痛批中國趁人之危牟取暴利。這是繼總統之子愛德華多（Eduardo Bolsonaro）參議員砲轟中共「獨裁政權」，並稱病毒爆發源自中國犯錯之後，第二位巴西政要對中共放砲。不過溫特勞布的發言也引來中國駐巴西大使楊萬明不滿，稱其發表「種族主義言論」，溫特勞布雖否認該指控，但也在不久後將該則貼文刪除。

在印度，近期國際法學家理事會（International Council of Jurists, ICJ）和印度律師協會（All India Bar Association），向聯合國人權理事會（United Nations Human Rights Council）控訴中共祕密開發生物武器傷害人類，要求中國政府賠償，並對隱瞞疫情導致全球瘟疫大流行負責。這也是全球繼美國佛州知名律師集團

對中共提起集體訴訟後，最新的相關訟案。

此外，英國外交政策智庫「亨利傑克森協會」（The Henry Jackson Society）報告指出，七大工業國組織（G7）可以控告中國政府，僅是美國便可向中國政府索賠 1.1 兆美元損失。此前英國查爾斯親王曾經確診康復，而英國首相強生染疫後病情加重，已被送至加護病房診治。

伊朗砲轟中共簡直開玩笑

中國友邦伊朗疫情慘重。伊朗媒體《IFP News》報導，德黑蘭時間 4 月 5 日，伊朗衛生部發言人賈漢普爾（Kianoush Jahanpour），抨擊中國政府提供的疫情統計數字簡直是「殘酷的笑話」，誤導世人以為新型冠狀病毒類似於流感而且死亡率低，表示中國的疫情報導不準確，尤其最初的報導誘使他國低估其嚴重性。

伊朗與中國關係向來友好，中國是伊朗石油的主要市場，也是重要貿易夥伴，肺炎爆發以來，伊朗即使損失慘重，此前從來沒有批評過中共當局的過失。賈漢普爾發言後，遭到中國外交單位強力抗議施壓，6 日轉以緩和語氣表示不會忘記中國的援助。然而《法新社》（Agence France-Presse）報導，4 月 7 日伊朗衛生部官員再度抨擊中國當局，防疫小組成員莫拉茲（Minoo Mohraz）表示「病毒擴散之後，很明顯事實與中國通報不符」，「他們（中國）目前正撤回許多文章，數據與研究都不正確」。流行病理學家蘇里（Hamid Souri）也表示「扭曲的數據導致扭曲的決策」。

總人口約 8,000 萬的伊朗，至今確診超過 6 萬人，死亡超過 3,700 人，多名政要確診，包含兩名副總統賈漢吉瑞、艾伯特

卡，衛生部副部長哈利奇、國會議長拉里賈尼；最高領袖哈米尼
（Ayatollah Ali Khamenei）的顧問團「權宜委員會」委員米爾莫哈
瑪迪（Mohammad Mirmohammadi）則染疫亡故。

印度指控中共精心策劃

　　根據印度媒體《印度時報》（The Times of India）和《今日商
業》（Business Today）報導，國際法學家理事會主席暨印度律師
協會主席阿加瓦拉（Adish C. Aggarwala）控訴中共指出，「鑒於
中共祕密開發大規模殺傷性生化武器，我們謙卑地祈求，聯合國
人權委員會要求和命令中國，向國際社會及其成員國，尤其是印
度，進行應有的賠償」。

　　印度國際事務期刊《Great Game India》也以「印度因病毒戰
役把中國捲入國際法庭」（India Drags China To International Court
For COVID-19 War）為題，提出相關控訴。

　　阿加瓦拉的申訴書指出，肺炎爆發初期，中共當局審查刪除
疫情消息，掩蓋李文亮醫師等人的重要預警，中共當局未能有效
管制大量感染者之行動，導致疫情擴散全世界。

　　阿加瓦拉指控中共精心策劃陰謀，企圖在世界傳播病毒，癱
瘓世界主要國家，甚至藉此買空經濟因疫情衰敗國家之股票，進
而掌控全球經濟，讓中國成為最終受益者。並指武漢肺炎病毒源
自武漢病毒研究所 P4 實驗室，中國政府必須賠償。

英前內閣大臣呼籲「停止叩頭」

　　近期《法廣》（Radio France Internationale）也報導，美國眾
議院外交委員會首席議員麥考（Michael McCaul）痛斥中國隱瞞

疫情導致全球重大公衛危機。美國共和黨參議員史考特（Rick Scott）則認為世界衛生組織（WHO）必須為傳遞不實訊息、為中共粉飾太平負責，呼籲調查 WHO 是否為隱瞞疫情之幫兇。

全球針對中共過失之訴訟首先來自美國。3 月 12 日，美國佛羅里達州的律師事務所「伯曼法律集團」(The Berman Law Group)，對中共隱瞞疫情提起集體訴訟。繼而在 3 月 18 日，美國前司法部檢察官、知名律師克萊曼（Larry Klayman）向德州法庭指控中共研發生物武器，導致病毒浩劫。

歐洲各國對於中共倒行逆施也是群情激憤，英國、法國、德國、瑞典、義大利、西班牙等多國政要群起抨擊中共當局隱匿與扭曲疫情，趁機進行政治宣傳，高價倒賣防疫物資，貽禍全球。然而在中共長期對歐洲統戰分化之下，多國政界親中共陣營持矛盾態度，甚至部份急需防疫物資的國家選擇對中共暫時低頭，配合中國外交單位的公關演出。

正如 3 月 29 日《星期日郵報》（The Mail on Sunday）專文〈我們必須停止向霸主叩頭〉所言，如今慘重的疫情應當敲醒世界多國對中共的長期迷思。這篇由英國前內閣大臣、前保守黨領袖史密斯爵士（Iain Duncan Smith）所撰文章指出，「（中國）這個國家無視人權，只顧著推行無情的對內與對外戰略目標。然而，當我們急著和中國做生意時，這些事實都被擺在一旁」，「長期以來，各國紛紛軟弱地向中國叩頭，迫切地希望做成生意。可是，一旦我們看清這場可怕的大流行疾病，我們應當省思這種關係，取得更平衡和誠實的根基」。

2020 年 4 月 8 日

25

疫情下的「完美風暴」：
全球供應鏈重整，去中國化大勢已定

　　《經濟學人》智庫（EIU）日前預測，2019 新型冠狀病毒疾病（COVID-19）所造成的危機超乎世人預期，也讓多國企業界猛然警醒——降低對中國製造的依賴性，重塑全球化，並且將供應鏈遷出中國，已是大勢所趨。

　　自從 2001 年加入世界貿易組織（WTO），中國逐漸主導全球國際貿易以及供應鏈，近 20 年的「全球化」浪潮，其實是以「中國化」為核心。雖然《經濟學人》之立場傾向全球化，然而，EIU 研究報告指出此次疫情將加速「區域供應鏈」發展，甚至預估疫情不但重挫全球化，甚至會逆轉全球化。

「區域供應鏈」將加速發展

　　EIU 指出，此前美中貿易戰、中國薪資上漲、經濟急速下行、經營成本驟增、政經局勢丕變等因素，已經促使中國境內之跨國企業將供應鏈外移他國，以減少對中國的依賴，並且建立更多元化的亞洲供應鏈網路，而此趨勢也預示了更大規模的國際貿易變局。

　　為了對抗肺炎疫情，中國今年初從武漢開始多處封城，繼而打擊中國製造業，導致中國貨品在美國市佔下滑，美國聯邦儲備

銀行經濟學家曾經指出，疫情促使美國業者降低對中國的依賴，催化製造業回流美國。

為促使全球供應鏈「去中國化」，川普政府研擬設立多邊體系「信任夥伴聯盟」（Trusted Partners），顯示川普在「美國優先」以及「雙邊主義」之外，積極推動新型態「去中國化」的多邊體系聯盟模式。

美國國務卿龐佩奧日前也曾經公開表示，正與澳洲、印度、日本、紐西蘭、南韓和越南等國家討論重整供應鏈結構，以避免因為過度仰賴中國而再度「斷鏈」、重挫各國經濟。

根據《路透社》5 月 4 日報導，川普政府針對中國對肺炎疫情之隱匿、管理不善以及強硬態度，正全速推動供應鏈「去中國化」，並且刻意強化與台灣合作關係，甚至考慮對中國加徵新關稅。此外，美國官員也透露，川普政府擬推動的信任夥伴聯盟，名為「經濟繁榮網路」（Economic Prosperity Network），重點在重整全球供應鏈。

《路透社》轉述，官員指出川普政府當局全力準備成立聯盟，成員可能涵括多國企業與公民團體，在基礎建設、數位、能源、教育、研究、貿易、商務等領域，依循相同標準。

「去中國化」無法逆轉

敦促製造業回流美國是川普的施政主軸之一，也是近兩年美中貿易戰的訴求重點，疫情造成美國大量生命財產損失，刺激美國政府加速推動供應鏈「去中國化」，甚至不惜補助企業越洋遷回美國之所有費用。

報導指出，美國國務院經濟成長暨能源與環境局副局長克拉

奇（Keith Krach）表示，「過去幾年，我們持續減少對中國供應鏈的依賴，但是現在我們正在全速推動此計畫。」克拉奇強調「此事攸關美國國家安全，政府可能很快會宣布新的行動方案。」

對此，另有美國高級官員指出，此刻的疫情彷彿是場「完美風暴」，讓大家對於跟中國做生意的種種疑慮給具體化了，「許多從前與中國交易所賺到的財富，如今在疫情所導致的損失之前，都不值一提。」

疫情肆虐全球，各國為抗疫焦頭爛額甚至痛心疾首，隨著確診與病亡人數飆升，防疫物資奇缺，甚至受控於中國當局管制與高價倒賣，多國當局猛然驚覺國家重要物資之國內產線早已外移中國，生產原料與零件也被中國掌控，昔日因圖中國式全球化低成本的果實，如今卻造成本國防疫物資匱乏之困境，代價極高。

此前《彭博社》報導，日本政府於 4 月 9 日表示，將提供約 20 億美元資助將中國生產線遷回日本的企業，並且提供約 2 億美元資助轉移到其他國家的企業。約當同時期，「東京商工研究」（Tokyo Shoko Research）針對 2600 多家日本企業調查發現，疫情導致 37% 的受訪企業轉向中國以外地區採購。

幾乎在日本政府宣布資助企業遷離中國的同一天，美國白宮首席經濟顧問庫德洛（Larry Kudlow）表示，美國政府可以藉由支付「搬家」全額費，用以鼓勵美國企業加速遷離中國、遷回美國，此議已排入美國去中國化政策之研擬議程。

總值 190 億美元，事業遍布汽車、資訊、農業、能源、物流、鋼鐵、航太、房地產、國防工業、金融服務等領域的印度馬亨達集團（Mahindra），董事長馬亨達（Anand Mahindra）日前也一針見血地表明，「過去我們以為建立了全球化供應鏈，其實

是中國供應鏈。」

　　從中國經濟下行、政治趨緊、美中貿易戰,加上疫情爆發,中國當局戰狼式的國際應對模式,以及多國生命與經濟的慘重損失,全球供應鏈「去中國化」之大勢已定,自動化輔助下的在地化生產製造將成為主流。其緣由實則經年累月,環環相扣,其來有自,無法逆轉。

2020 年 5 月 15 日

26

以疫謀併？多國立法監管，
嚴審中資大規模收購企業

　　歐盟委員會（European Commission）於 6 月 17 日提議，當「外國國有企業」收購歐洲企業股份時，歐盟委員會應有更大影響力，如果認為收購會傷害市場，可以禁止收購。此提議將會討論到 9 月份，預計於 10 月開始實施。

　　此前，德國與法國已對此議題推動國內改革，並且在今年 2 月發函給歐盟，強調歐盟應該修訂跨國投資併購方針，因為歐洲企業近年受到「獲得政府大量支持的企業」的不公平競爭威脅，愈演愈烈。而這些加強審查的焦點，顯然是近年來國際併購異常活躍的中國國企，或者中共所控制的企業。

保護西方科技不被中資收購

　　在英國，英國軍情六處前局長索爾斯（John Sawers）4 月中旬即公開警告：「我們需要付出更多努力，以保護西方科技不被中資企業收購。」

　　根據《泰晤士報》6 月初報導，英國首相強生（Boris Johnson）在首相特別顧問卡明斯（Dominic Cummings）和財政部長蘇納克（Rishi Sunak）鼎力支持下，敦促制定新法律，據以防止中資收購英國企業、威脅國家安全。

　　強生主張的新法顯示，未來當外資企業試圖購買 25% 以上的股份、公司資產、智慧產權，或者可能取得「重大影響力」時，英國企業必須申報。如果未如實申報，收購後的企業高層可能被取消經營資格、判刑、罰款。相關法案將在數週內提出。

　　當時《路透社》也報導，歐盟官員越來越擔心中資收購「擁有尖端技術的歐洲龍頭企業」，特別是遭受新冠病毒大流行沉重打擊的企業。歐盟反壟斷監管機構則認為，國家補貼的中資企業扭曲了歐洲市場，必須針對其是否收購歐盟公司展開調查。

　　同樣在 6 月初，澳洲公布將以「新國家安全評估」對外國收購澳洲資產加強嚴審，被輿論稱為將是澳洲 45 年來對《外國收購與接管法》的最大幅度改革。此項國家安全評估將適用於外國對澳洲「所有敏感資產」的投資競標，尤其包括電信、能源、技術、國防領域之製造商、供應商、服務商。如果被判定威脅國家安全，即使競標成功，聯邦財政部長仍有權力強制外國收購方出售涉嫌資產，或者要求附加條件。

嚴審中資藉由疫情收購企業

　　多國政府近期對於中資收購企業特別提高警覺，主要原因是發現肺炎疫情大流行重創先進國家，大型企業股價下跌，企業在岌岌可危之際，卻遭到中國國家補貼的中資企業大規模收購，中共利用黨國資本以及民主開放市場漏洞滲透大型企業，侵蝕多國產業根基，野心昭然若揭。

　　中資企業針對大量深受疫情打擊的歐洲企業下手，涉及企業發展策略以及高額資金運作，顯然是配合疫情流行的精心布局，絕非臨時起意，而這些掌握鉅資的中資企業，和中共黨國資源以

及政治指令密不可分。換句話說，積極併購外企的中資企業，恐怕是中共對外滲透侵略的另類武器。

歐盟在 5 月份對中資併購威脅歐洲有過一輪討論與呼籲。歐洲議會第一大黨「歐洲人民黨」（EPP）主席韋伯（Manfred Weber），當時要求歐盟應該儘速暫停中國公司收購受疫情影響的歐洲企業。5 月 17 日韋伯在德國《星期日世界報》專訪中表示，歐盟應該頒布臨時命令，禁止中國在 12 個月之內，收購因疫情而被低估價值或陷入經營困境的歐洲企業。

韋伯認為中共希望擴張其專制社會模式的影響力，並呼籲歐洲必須看到，中國正在利用疫情打擊歐洲經濟、併購歐洲企業，中國公司在國有資金挹注之下，積極收購因疫情陷入困境的歐洲公司，疾呼「歐洲必須自保」。

多國開始提防中資，台灣宜警惕

據悉，目前當外國政府要收購歐洲企業股份時，需要得到歐盟委員會（European Commission）根據「國家援助規定」進行審查與批准。然而該法規並不涉及「受到外國政府支持補助的企業」。對取得中共黨國資本挹注並且聽命於中共當局的中資企業而言，這正是可以輕易滲透的法規漏洞。

是以，歐盟對中資併購的防範常被譏評為紙上談兵。出身於丹麥社會自由黨的歐盟委員會執行副主席維斯塔格（Margrethe Vestager），近期對此表示：「我們需要正確的工具，以確保外國政府的企業補貼不會扭曲我們市場，如同我們引用國家援助規定。」

身兼歐盟競爭事務執行委員的維斯塔格對媒體明示，近期有

大量資金流入歐盟，歐盟需要新的工具協助進行監督審查，以保護歐洲免於不公平競爭。也因此，維斯塔格日前提交「外國補貼白皮書」，將立法允許歐盟國家限制外國針對戰略資產的直接投資案件，特別針對國家控股或國資企業。

　　此前，除了前述的歐盟、英國以及澳洲，瑞典內政部長丹伯格（Mikael Damberg）也在 5 月 11 日表示政府將推出法案，預計今年下半年起，將更能阻止來自境外收購，尤其保護瑞典尖端技術或重要基礎設施之企業；日本財務省也在 5 月 8 日公布，從 6 月 7 日開始，預先審查核心行業 518 家企業的外資投資，涉及武器、飛機、航天、核能、網路安全、電力、煤氣等 12 個領域；印度在疫情爆發後，也兩度從嚴修改外資投資收購法規，以阻止外資投機性收購，特別是防制中資通過購買股份併購印度企業。

　　半年以來在疫情大流行的陰霾下，世界多國群起嚴審中資滲透與併購本國企業，提防中資趁火打劫逐漸蔚為風潮，相關現象值得台灣社會各界共同參考、高度警惕。

2020 年 6 月 22 日

27

親共俱樂部？譚德塞爭議未平，聯合國祕書長古特瑞斯緊追在後？

　　9 月 12 日聯合國以壓倒性票數通過一項對抗新冠疫情的「全面協調反應」決議案，內容包括肯定世界衛生組織（WHO）在疫情中的領導地位。此議案只有美國和以色列投下反對票。

　　這件新冠疫情議案從 5 月磋商至今，內容肯定「WHO 的關鍵領導地位，以及聯合國在推動和協調全球對疫情全面回應的基本角色。」呼籲「國際加強團結合作以控制、減輕和擊敗疫情，以及相關衝擊。」結果聯合國 193 個成員國有 169 票贊成，2 票反對。投下反對票的美國已於今年春天宣布退出 WHO，將於明年生效，主因為 WHO 處理疫情嚴重失職，延誤發布警訊。

呼籲「團結」、移除貿易制裁

　　在聯合國祕書長古特瑞斯（Antonio Guterres）鼓吹下，這項決議也呼籲緊急移除「不公平的障礙」，以利取得抗疫物資，其所指的「不公平的障礙」，則是暗指「貿易制裁措施」。此外，該決議還要求各國「維持糧食和農業供應鏈」、促進永續發展和對抗氣候變遷。

　　從 WHO 宣告疫情發展為全球大流行（pandemic）至今六個月，全世界病亡人數已經超過 92 萬人。古特瑞斯曾經於 9 月 8

日警告「世界強權必須爲綠色未來團結重塑經濟，否則人類將會毀滅。」「如果肺炎大流行失控，將會見到不團結的危險。」並且於 9 月 10 日再度喊窮，呼籲世界各國應該立刻「大幅提高」挹注對抗新冠病毒的資金。

古特瑞斯呼籲各國在未來三個月內籌募 150 億美元，以資助「ACT 加速器計畫」（ACT-Accelerator programme）。這項由 WHO 主導的計畫主爲促進研發疫苗以及療法。古特瑞斯表示近期募集近 30 億美元都用在刀口上，爲擴大執行計畫仍需要 350 億美元，其中 150 億美元爲近三個月所急需。古特瑞斯強調，新冠病毒是「全球首要安全威脅」、「我們不團結就完了」。

古特瑞斯從 2017 年 1 月 1 日上任聯合國最高行政首長至今，對中共宣傳敘事的配合不遺餘力，從敦促各國擁護中國一帶一路計畫的「永續價值」，盛讚一帶一路是聯合國「2030 永續發展計畫」的重要機遇，到肺炎疫情大爆發後的多次表態，總能在微妙的關鍵時刻站出來呼應中共宣傳主調。

配合中共宣傳不遺餘力

例如，8 月中旬古特瑞斯才剛跟中國外交部上演一場雙簧戲。古特瑞斯 8 月 18 日於媒體專訪高調警告，美國和中國的關係「從未像今天這樣失調」，美中兩國關係緊張升級，可能將世界劃分成「兩個集團」，對全球是巨大風險——古特瑞斯這段話受到包括台灣等國際媒體廣泛報導。

古特瑞斯發言次日，中國外交部迅即敲鑼打鼓。8 月 19 日中國外交部宣稱，中美關係惡化主要因爲「美國單方面挑起事端」、「蓄意煽動反華情緒」，呼籲美方「摒棄過時的冷戰思維」。

　　中國外交部「戰狼」發言人趙立堅呼應古特瑞斯發言，再度大肆數落美國，表示：「當前中美關係遭遇嚴重困難，原因在於一段時間以來，美國政府單方面挑起事端，肆意採取一系列干涉中國內政、損害中方利益、嚴重破壞中美關係的言行。美國一小撮政客出於一己之私利，蓄意煽動反華情緒，挑動對立對抗。美方上述倒行逆施不得人心，已經並將繼續遭到中美兩國各界有識之士和世界上愛好和平人民的強烈批判和抵制。」

　　半年前疫情爆發不久，中共涉嫌隱瞞疫情、消滅證據，全球逐漸籠罩在疫情不明以及快速傳染的恐懼中，WHO 以及中共當局受到國際社會嚴厲批評，然而 2 月 24 日古特雷斯卻在瑞士日內瓦 WHO 總部大誇中國武漢封城、嚴格防控肺炎疫情等措施「為全人類做出貢獻」。

　　此外，2 月 8 日古特瑞斯在衣索比亞首都阿迪斯阿貝巴（Addis Ababa）「非洲聯盟」（African Union）總部的峰會會前記者會中，稱讚中國對疫情爆發的反應「傑出」，並且警告外界別對中國「汙名化」。當時除了病毒發源地中國之外，有近 30 個國家或地區合計超過 320 例確診。而今，已有近 2,900 萬人確診，超過 92 萬人病亡。

古特瑞斯影響力更大

　　由於 WHO 應對疫情諸多疏漏且過度偏袒中共而備受外界批評，4 月 24 日曾有多位美國參議員聯名致函古特瑞斯，要求聯合國組成獨立專家小組，全盤檢視 WHO 疫情處理之得失，卻如「肉包子打狗」有去無回，沒有下文。

　　疫情大流行使得 WHO 祕書長譚德塞（Tedros Adhamon

Ghebreyesus）幾乎一戰成名，竄升爲全球高知名度的「親共巨星」，這一點對譚德塞的上司古特瑞斯似乎不太公平，因爲古特瑞斯能夠動員大量聯合國組織配合中共政策需求，影響力遠在譚德塞之上，親共程度也不遑多讓。

　　與譚德塞曾任親共社會主義政黨要職與衣索比亞高官之仕途相似，古特瑞斯在擔任聯合國祕書長之前，曾任左派社會主義政黨主席與葡萄牙總理。事實上，中共從 2007 年開始大規模積極滲透聯合國等國際組織管理層級開始，十多年來成效卓著，已經直接掌控聯合國許多組織之高階職位，甚至以中共意識形態主導聯合國話語權與決策權。如今聯合國組織幾乎已經成了親共社會主義政客俱樂部，這一點古特瑞斯與譚德塞恐怕是樂在其中，而且都很清楚。

2020 年 9 月 15 日

28

中國疫苗最棒，
其他疫苗都害死人的背後

一年前武漢肺炎爆發不久，中共在去年三月隨即宣稱加速研製疫苗，並且允諾多國將優先供應疫苗，去年八月甚而與多國簽約確認。豈料近半年來中國疫苗測試卡關，透明度與準確率備受國際專家質疑，卻仍在中國境內強制施打數千萬劑，並且大量供應多國，中共「疫苗外交」亂象叢生，恐已造成難以收拾的國際難題。

去年三月，足以人傳人的新型肺炎病毒在中國武漢爆發不久，造成全球大流行，中共迅即高調宣傳已積極研發疫苗、進度超前，並允諾多國將會優先供應疫苗。去年八月開始果然與多國簽定優先提供疫苗合約，並且在全球廣設試驗中心。

去年早已佈局承諾供應疫苗

然而，到了去年第三季，中國疫苗第三期測試持續卡關，不是拿不出實驗數據，便是準確率備受質疑。縱使如此，中共顯然已經不顧國際公衛專業規則，宣布已在中國施打上千萬劑的中國疫苗，並且已經輸出多國。

近期，中國官方媒體持續積極報導多國陸續引進中國製疫苗。例如塞爾維亞總統武契奇（Aleksandar Vucic）曾經親自前往

機場迎接中國國營國藥集團（Sinopharm）的100萬劑「國藥疫苗」。日本電視台對此特別指出，中國媒體轉播時，配上雄壯威武的背景音樂，與去年中國推動「口罩外交」場景雷同。

許多國家對疫苗需求甚殷，甚至顧不得國際公衛專業標準以及測試數據，寧可跟上中國疫苗的操作步調，雖然中國疫苗被質疑欠缺臨床試驗資料，並且並不公開透明。例如塞爾維亞之外，其鄰國匈牙利也和國藥集團簽約將購買100萬劑疫苗，匈牙利官員在記者會直言「歐盟的疫苗太慢了」。

除了忽略專業標準，亟欲在國際疫苗競賽跑道「彎道超車」，中共還強調中國疫苗「不需超低溫保存」。中國外交部發言人表示，中國開發的疫苗不需要超低溫運輸或保存，對冷凍設備不足的中低所得國家特別方便——中國逕行宣傳此說，同樣忽略國際專業質疑，然而許多國家政要也照單全收。

兼顧一帶一路與南海合作

中共的疫苗外交當然得要照顧到東南亞國家。中國外交部長王毅不久前出訪東南亞多國，宣布「免費」提供疫苗給緬甸30萬劑、菲律賓50萬劑。在印尼，總統佐科威（Joko Widodo）甚至還配合王毅到訪時機率先公開接種北京科興疫苗，似以表達對中國政府的感激與信任，王毅則回謝印尼信賴中國疫苗，並且展現與中國共同對抗疾病的決心，兩國合作「場面感人」。

印尼媒體也報導，印尼政府已向中國購買1億2500萬劑的北京科興疫苗，王毅則不忘「藉機強調」，各國在疫苗上合作是為了確認合作推動中國國家主席習近平所主導的「一帶一路」，以及共同解決南海問題。

不僅積極進行疫苗外交戰略行動，為了「反擊」國際專業疑慮，中共持續發動宣傳機器抨擊已被公開認證高準確率的西方大廠疫苗，例如美國藥廠輝瑞和德國 BioNTech 合作研發的武漢肺炎疫苗，準確率高約九成五，目前已在多國大量施打，豈料中共官媒謊稱該疫苗在德國害死多人，上月隨即遭到德媒反駁。

藉機抹黑西方大廠疫苗成效

包括德國《明鏡》、《焦點》、《法蘭克福評論報》等多家媒體於上月陸續報導，中國疫苗問題重重，在疫苗競賽中，中國已經失敗，但是中共當局正在「耍花招」，針對特定藥廠造謠以破壞公信，轉移世人對中國疫苗失敗的注意力。

又如，《法廣》1 月 21 日報導，中共官媒近日大肆宣傳挪威養老院有 23 位老人去年 12 月接種輝瑞疫苗後離世，主為打擊美國所產疫苗，中共藉此轉移國際對中國劣質疫苗之警惕。然而根據挪威公共衛生署長史托騰柏格（Camilla Stoltenberg）澄清，當時有以養老院老人為主的 48,000 名高危患者接種疫苗，其後逝者均為高齡者，原已患有嚴重疾病而且虛弱，重點是挪威養老院平均每天有 45 人離世，該案離世原因尚且不明。

法國《觀點》週刊 1 月 20 日也曾對此報導，挪威公共衛生署 1 月 14 日的記錄很清楚，並非祕密，中共宣傳武斷且不實。《法廣》認為，中共原本期待中國疫苗可在全球疫苗競賽中脫穎而出，卻被輝瑞 /BioNTech 等西方大廠疫苗超前，竟然抹黑競爭對手。

中共官方外宣《環球時報》1 月 25 日報導美國加州居民在接種了莫德納或輝瑞疫苗數小時後死亡，被《CNN》反駁《環球時

報》欠缺任何證據。《環球時報》甚至發表社論指稱，西方輿論淡化輝瑞疫苗的潛在風險，製造「首次使用 mRNA 的輝瑞疫苗比使用傳統技術的中國疫苗更加安全」的印象。

中國疫苗外交迄今遍及多國，影響力看似無所不在，其實潛藏重重信任危機，然而弔詭的是，最不信任中國疫苗的，恐怕是數千萬被強制施打疫苗的中國人民，以及中共當局自己。

2021 年 2 月 17 日

29

長期過度親中的烏克蘭
終究被中共出賣了

　　俄羅斯閃電般地入侵烏克蘭，歐美群起譴責並且制裁俄羅斯。長期耕耘烏克蘭關係，並與俄羅斯稱兄道弟的中共進退兩難，在記者會對於外媒緊問，反而指責美國煽動戰爭，拒絕譴責俄國侵略，卻難掩尷尬與焦慮。

　　烏克蘭脫離蘇聯獨立建國之後，與俄羅斯關係雖稱密切，仍難免芥蒂，2014 年俄羅斯併吞烏克蘭南方半島克里米亞之後，烏克蘭欲加速擺脫俄羅斯勢力威脅，加上覬覦中國龐大市場利益，與中共加強親善關係。

沒有用的戰略夥伴關係

　　烏克蘭於 1992 年與中國建交，1998 年中國向烏克蘭購買遼寧號航空母艦前身瓦良格號航艦。二十多年以來，中國成爲烏克蘭軍工科技製造領域最主要買主，讓烏克蘭國庫和貪婪政客賺了不少軍火財，烏克蘭賤賣軍武高科技，對促進中國軍事科技升級居功厥偉，兩國合作堪稱「雙贏」。

　　值得注意的是，2011 年烏克蘭與中國建立戰略夥伴關係，中國國家主席習近平上台之後，烏中關係加速，2013 年習近平邀請當時烏克蘭親俄派總統亞努科維奇（後被烏克蘭國會罷免並

通緝，逃亡俄羅斯）訪問中國，深化兩國戰略關係，中共新疆生
產建設兵團向烏克蘭租用 10 萬公頃農地 50 年使用權，打造所謂
「海外農場」，簽訂「友好合作條約」，朝擴張至 300 萬公頃目標
邁進；2016 年中國國企、最大糧商「中糧集團」重金投資烏克蘭
兩個黑海商港。

　　2020 年中國超越波蘭、德國和俄羅斯，躍居為烏克蘭最大
貿易夥伴國，並為第二大糧食出口國，烏克蘭成為歐洲最早加入
「一帶一路」的國家之一；2021 年中國國企北京天驕航空收購烏
克蘭主要航空發動機製造商馬達西奇（Motor Sich）幾乎成局，
由於該收購案涉及國防敏感高端科技，足以強化中共空軍發展，
在烏克蘭政界人士與前美國總統川普警告阻撓後破局，馬達西奇
轉為國有，烏克蘭需要美國與北約支持對抗俄羅斯威脅為破局主
因。然而烏克蘭仍然積極和中國簽訂基礎建設發展合作協定。

　　中國是烏克蘭重要基礎建設金主，去年（2021）6 月烏克蘭
經濟部次長暨貿易代表卡奇卡（Taras Kachka）與中共進行農業
合作會議，稱讚中國是「烏克蘭在亞洲最重要的戰略夥伴」。
當月烏中兩國簽署文件，中國同意向烏克蘭提供「低利優惠貸
款」，「協助」基礎建設，包括機場、公路、鐵路、港口等等，
持續推動經貿合作。

　　去年 7 月，上台兩年的烏克蘭總統澤倫斯基（Volodymyr
Zelensky）與習近平首度進行電話高峰會談後，興致勃勃地表
示，中國參與投資交通和城市基礎建設，對烏克蘭相當重要，強
調「烏克蘭可以成為中國企業前進歐洲的橋樑。」顯然對於烏中
關係相當得意，對於中共利用烏克蘭滲透歐洲以及俄羅斯勢力範
圍的野心，並未警覺設防。

此外根據《美國之音》去年 7 月報導，澤倫斯基和他所領導政黨「人民公僕黨」不僅向中共恭賀建黨百年，該黨國會黨團領導人接受中共官媒採訪表示烏克蘭應該學習中國經濟發展經驗，強調該黨與中國共產黨擁有共同理念，都是「為人民服務」。

這些親共言論被中共宣傳機器積極利用，招致許多烏克蘭反共輿論批評「人民公僕黨」竟成了中共僕人，該黨辯稱今天中共已和過去的蘇共不同，對於中共而言，「共產主義只是個標籤」──這種親共說法對許多台灣人而言，似乎相當熟悉。

在金錢面前「共產主義只是個標籤」

多年前烏克蘭曾經立法譴責和清除蘇共餘毒，蘇共時代祕密警察檔案已經公開。烏克蘭輿論警告澤倫斯基政權過於親近中共，可能危及選民基礎，當時人民公僕黨仍是國會最大黨，澤倫斯基政權民意支持度尚佳。

而且不僅人民公僕黨，烏克蘭國會中另外兩大黨也都積極祝賀中共建黨百年，可見烏克蘭政壇普遍親中傾向，中共在烏克蘭的影響力不容小看，烏克蘭政治學界也多認為，烏克蘭歷屆政府都很想得到中國資金。

也因此，去年 6 月烏克蘭臨時撤回聯合國人權委員會上一份有 40 國參與譴責中共戕害新疆人權的簽署文件，也就不足為奇。雖然還有另一重要因素──當時媒體報導中國在烏克蘭大推疫苗外交，威脅烏克蘭不得簽署，否則斷供武漢肺炎疫苗。當時烏克蘭有超過三成疫苗、約莫 200 萬劑來自中國。

如今俄烏交戰多日以來，烏克蘭抗俄能力與士氣超乎世人想像，歐美與世界主要國家紛紛向烏克蘭提供軍武資源、加強制裁

俄羅斯，中共卻難以掩飾「棄烏挺俄」之跡象，反對制裁俄羅斯。

中共始終和歐美譴責俄羅斯非法入侵烏克蘭的立場保持距離，既不譴責也不提入侵。2 月 24 日俄羅斯侵略後，中國外交部發言人華春瑩在記者會回應國際媒體時也僅能表示「理解俄方」，把侵略當成是俄羅斯的「合理關切」。

華春瑩在國際媒體的逼問下，甚至明指遭到侵略的烏克蘭與制裁俄羅斯的歐美國家是禍首，表示「有關國家」犯了錯，此前在做「拱火點火的錯事」的時候，它的夥伴並沒有盡力阻止，導致事情一發不可收拾。

而在歐美國家宣布對俄羅斯實施經濟制裁之後，中國海關總署公告允許俄羅斯全境小麥進口，顯然要幫助俄羅斯總統普丁度過經濟制裁難關。

此外，中共迅速發動宣傳機器，中宣部統一口徑，禁止中國各地媒體發放不利俄羅斯之消息，要求「做好輿論導向工作」，「堅持以正面宣傳為主」，網管大量刪除批評俄羅斯侵略之言論，學者聯名譴責普丁的投書文章也很快被下架，當局放縱中國網民歡騰支持「俄爹」的「特別軍事行動」，嘲諷烏克蘭又小又窮不識相該打，呼應俄羅斯指責歐美挑釁之主旋律，以低俗言論侵犯烏克蘭女性，在官方管控下一面倒向俄羅斯的網路輿論場域中，滿手血腥的殘酷狂人普丁竟突然成了中國網民偶像。

俄烏衝突乃至開戰以來，台灣許多親共紅統的政治人物難掩幸災樂禍地要台灣從烏克蘭的遭遇中記取教訓——然而誤信中共本質、貪圖中國利益的烏克蘭政權，終究還是被中共給出賣給踐踏了，這是否正是台灣必須記取的慘痛教訓？

2022 年 3 月 2 日

30

讓世界看到中國挺俄羅斯？
星火燎原的跨國「大翻譯運動」

俄羅斯入侵烏克蘭，在中共明推默許之下，中國網路社群出現大量挺俄仇烏極端言論，鼓吹中俄結盟，積極複製俄國官方假新聞，多國網友對此不以爲然，串連發起「大翻譯運動」（The Great Translation Movement）反制，將中國偏激主戰言論譯成英文等多國文字，讓世界看清中國對侵略惡行之態度。

法國《世界報》（Le Monde）作者娜塔麗‧吉伯特（Nathalie Guibert）近期撰文指出，自從 2 月 24 日俄羅斯侵略烏克蘭以來，中國是爲俄羅斯宣傳的熱心助手，在國際網路平台大買廣告，以規避針對俄羅斯當局的審查與封禁。

吉伯特指出，俄烏戰爭是俄中兩國合作操縱輿論的新型實驗室。中共利用中國民眾禁止使用的推特、臉書等多種平台，幫俄羅斯洗白。

俄中合作操縱輿論的新型實驗室

吉伯特並且表示，中共重啓以往最常使用的假訊息之一——轉向指責美國製造生物武器。例如，中國外交部發言人趙立堅在 3 月 8 日表示「中國敦促美國披露其在烏克蘭資助生物實驗室的詳細信息，包括存儲的病毒類型和已進行的研究。」《新華社》

並詳述了虛構的相關企業。北京此舉延續過去關於肺炎病毒起源的疑美宣傳行動。

中共「戰狼」官媒《環球時報》也曾在推特積極轉發來自《俄羅斯衛星通訊社》（Sputnik）以及俄羅斯政客的假訊息，例如，3月4日在其推特造謠烏克蘭總統澤倫斯基已經逃離烏克蘭；更早還有另則假訊息是《中國環球電視網》（CGTN）於2月26日推文指責澤倫斯基逃離烏克蘭首都基輔，前往較安全的利沃夫。

2月26日，中國《央視》（CCTV）也播放澤倫斯基逃離基輔的假訊息，並且在微博放了相關標籤，這標籤被中國163家媒體採用，被瀏覽5.1億次。對此，澤倫斯基當天則在基輔市中心自拍影片鄭重澄清：「我在這裡。我們不會放下武器。我們將保衛我們的國家。」

此前在2月24日當天，俄羅斯入侵烏克蘭數小時之後，《環球時報》迅即發布影片，宣稱許多烏克蘭士兵已經放下武器準備投降，效率之高顯見中共早知俄羅斯侵略時程，這個假訊息來源是俄羅斯國家媒體RT電視台，而這只是中共官媒配合俄羅斯宣傳假戰情的開端。

即便中共拒絕譴責俄羅斯，中共官方表面上仍極力試圖維持所謂中立的模糊立場，在俄羅斯與西方國家之間「走鋼絲」，在嚴峻國際局勢中留點後路。然而，在中國網路平台，中共勞師動眾，大量刪除俄羅斯入侵鄰國、國際社會譴責等反俄消息與言論，對挺俄極端言論刻意護航，中共挺俄態度相當明顯。

許多中國網友順著風向大爆走，鼓吹對俄羅斯總統普丁揮兵教訓烏克蘭的狂熱崇拜，誇讚普丁「男人的榜樣、有勇有謀」，對於昔日盟友烏克蘭則落井下石，極力污衊嘲諷，數日之內中國

網路上挺俄主戰的鷹派言論迅速惡化，令許多懂中文的中國內外網友怵目驚心。

俄烏戰爭消息在中國境內遭到中共高壓管控，連國際網路平台也疑似被干涉。美國知名網路平台 Reddit 最具規模的中文社群「衝浪 TV」（ChongLangTV）從今年 2 月中旬開始流行烏俄緊張情勢相關話題，2 月 24 日俄羅斯侵烏之後，許多社群成員對中國網路平台與中共官媒充斥誤導戰情與「收留烏克蘭小姐姐」、「俄國一小時速通烏國」等惡劣意淫嘲諷言論相當憤慨，自發將內容轉譯英文，讓世人知道中國對戰情之輿論，掀起「大翻譯運動」。

然而，3 月 2 日 Reddit 以「曝光隱私」為由，解散會員逾 5.3 萬的衝浪 TV，《自由亞洲電台》報導認為這與「大翻譯運動」熱潮以及號召群募捐款給烏克蘭有關，中共之「長臂審查」難逃嫌疑。

「大翻譯運動」遍地開花

衝浪 TV 遭解散後，「大翻譯運動」反而遍地開花，在許多網路平台熱烈串連，大量翻譯成員到推特、臉書、Instagram、Telegram、Discord 等平台「分進合擊」，中國挺俄侵烏的大量不堪內容被翻譯為更多種語言，也衍生出 #TheGreatTranslationMovement、# 大翻譯運動、# 大翻译运动、# 偉大な翻訳運動、#Grandmouvementdetraduction 等多種流行標籤，「大翻譯運動」如火燎原。

翻譯成員向《德國之聲》表示，希望藉此讓更多國家知道，俄烏戰爭顯示許多中國人並非如中共官方宣傳般「愛好和平」、「熱情、好客、溫良」，而是「自大、民粹、殘忍又毫無同情

心」。而這場去中心化的自發運動，也正是對於習近平指示中共宣傳部門「講好中國故事，傳遞中國聲音」的莫大反諷。

《紐約時報》日前指出，中共官媒將俄羅斯開戰描述為反法西斯主義的鬥爭，中國許多網路評論稱烏克蘭和美國為「法西斯國家」，《俄羅斯衛星通訊社》官方微博有 1,160 萬粉絲，大量發文污衊「罪犯澤倫斯基」、「新納粹份子」。而中俄宣傳合作基礎是協力挑戰西方話語權，2015 年習近平和普丁決定兩國加強傳播媒體合作，迄今每年合辦中俄媒體論壇。

如今「大翻譯運動」如火如荼，難免有學者專家擔心國際反中情緒惡化，引爆種族仇恨糾紛，然而也有馬來西亞華裔翻譯成員認為不必擔心，因為「文明世界的人們具備邏輯思考能力，會將個人與族群區分看待，只要我們行為表現出文明程度，世人會非常樂意與我們交往。」

2022 年 3 月 17 日

31

「布查街上屍體是騙局」的
認知戰也會波及台灣

大約一個月前美國白宮曾經警告中共，不要對俄羅斯侵烏戰爭的假訊息推波助瀾，然而從近期為俄國洗白烏克蘭布查鎮（Bucha）屠殺暴行，以及大規模加強對國內外宣傳，種種跡象表明中共不但不予理會，反而變本加厲，中共加強挺俄反美的「認知戰」已經邁上不歸路。

美國《紐約時報》日前刊文指出，俄羅斯政府在推特發文否認在布查屠殺平民之後，中共官媒迅速為俄羅斯辯護，並稱俄羅斯已提供「證據」證明布查街上駭人的屍體照片是騙局；中共一上海電視台也宣稱，烏克蘭政府為贏得西方同情製造可怕的場景，並且批評「這種證據在法庭上不會被接受」。

《紐約時報》指出，中共外交官和官媒記者複述克里姆林宮的辯解之詞，猶如中共挺俄「訊息戰」的「戰士」，作戰目的是附和俄羅斯總統普丁說法，讓俄羅斯主張合法化，並且詆毀國際社會對於俄羅斯涉及戰爭罪之指控。

《紐約時報》文章認為，如今中共對美國和北約的攻擊，與俄羅斯指責西方是戰爭始作俑者的說法如出一轍，有時甚至中俄兩國措辭幾乎完全相同，猶如事先講定。中共顯然已經表明不受白宮警告所影響，反而變本加厲，誇大俄羅斯明目張膽的謊言。

　　中俄兩國官媒對於俄烏戰爭「認知戰」之定調若是事先談好，恐怕其來有自。《紐約時報》指出，中俄兩國官媒正式合作約有十年歷史，2013 年中共總書記習近平首次訪問莫斯科，即承諾深化兩國官方媒體合作交流，迄今兩國官媒已經簽署數十份「內容共享」承諾合約，僅只《俄羅斯衛星通訊社》（Sputnik，簡稱《衛星社》）就與中共官媒簽定 17 項協議，去年中共官媒平均每週引用《衛星社》新聞多達 2500 多次。

台灣社會應提高警覺

　　中共與俄羅斯利用俄烏戰爭進行大規模認知戰波及台灣，台灣社會應該提高警覺。

　　台灣非營利組織「台灣民主實驗室」四月初發布報告〈中文資訊環境將烏克蘭『納粹化』的分析〉指出，支持俄羅斯政府的錯假訊息正在中國社群媒體平台迅速傳播，許多內容來自俄羅斯官媒新聞，並且大舉滲透到台灣親共媒體平台與社群。

　　台灣民主實驗室報告顯示，中俄兩國官媒關係密切，2015 年起簽訂合作協議，如今影響到俄烏戰爭認知戰，俄羅斯宣傳內容在中國網路平台上被刻意誇大宣傳。

　　台灣民主實驗室指出，俄烏戰爭爆發之後，中共將「納粹」指涉烏克蘭，以「外國勢力干預中國內政」論述模式主導中國輿論，煽動中國網民支持俄國入侵、反對烏克蘭政府與軍隊。在台灣，親共政治人物、名嘴、粉專與社團，則以「台灣人不知道的事實」為題，快速呼應中俄錯假訊息，也宣稱烏克蘭政府為被西方國家操控的「納粹」政府。

　　台灣民主實驗室表示，中文訊息受眾並不限於中國，如今俄

羅斯官方訊息雖然受到國際網路平台限制，中共卻透過微博、抖音、YouTube 等協助俄羅斯繞開禁令，持續傳播挺俄文宣，打擊烏克蘭形象。

此外，中共當局在中國境內也積極利用俄烏戰爭鞏固意識形態，進行大內宣以及洗腦教育。

例如《美國之音》報導，近期中國多省學校透過「手拉手線上集體備課活動」，要求教師「正確引導」學生認識烏克蘭戰爭脈絡與局勢，指責美國是「俄烏悲劇的始作俑者」，顯示中共不只是為俄羅斯洗白，也企圖將俄羅斯被「北約東擴」所迫的樣板說法套用到台灣問題，恐以「退無可退」為理由威嚇對台動武，並且藉由「烏克蘭背後有美國撐腰」說法，煽動學生反美情緒，在美中競爭當中鞏固中共的正當性。

美歐各國如惡夢乍醒

俄軍侵烏的殘酷無道，加上中共誇大挺俄反美宣傳，甚至批評歐盟以及北約是被美國操控、進退兩難的魁儡，意外使得歐洲國家長期綏靖的「中國夢」，在一個月內驚醒得更為徹底。

例如，歐盟外交高級代表（相當於外交部長）波瑞爾（Josep Borrell）4 月 5 日在歐洲議會報告日前歐中峰會成果，以空前重話批評中國，形容歐中峰會猶如「聾人對話」、「雙方未達成任何共識」，因為中國不想討論烏克蘭危機以及人權議題。

長期力挺台灣，並且曾經因而遭受中共警告的瑞典籍歐洲議會議員魏莫斯（Charlie Weimers）則在會中直言，在過去幾十年歐中關係，歐洲只能用「很好騙」（gullible）來形容，中國在貿易不公、武漢肺炎起源等議題欺瞞天下，現在更利用俄烏戰爭愚

弄世界。

　　瑞士德語大報《新蘇黎世報》（Neue Zürcher Zeitung，NZZ）日前也發表評論〈即便和中國也無法繼續照常做生意〉指出，北京在烏克蘭危機明顯挺俄是事實，歐洲必須對此適當反應，甚至不惜犧牲經濟利益，不能再如以往爲了生意輕信北京。

　　評論強調，以德國爲首的歐洲過去與中國打交道，往往想將經濟與安全、人權政策切分，然而事實已經證明經濟與安全、人權不可分割，此時歐洲必須重新審視《歐中投資協議》以及中國與中東歐國家的「17+1」合作機制，即使伴隨高昂的經濟代價。

　　中共加強挺俄反美認知戰，主爲藉由反美鞏固中共政權，並且藉機弱化美歐關係，然而隨著戰事發展卻露出醜陋眞相，中共愚弄世界的老把戲已經漸被各國看穿。

2022 年 4 月 17 日

32

抖音抖出一堆假訊息？
俄烏戰爭中「武器化」的社群平台

俄烏戰爭以來，大量挺俄假訊息在抖音海外版 TikTok 被揭露，使得抖音「武器化」危及國安等議題再度備受重視，也特別值得台灣關注。

TikTok 是中國知名影音平台「抖音」的海外版，隸屬於中國北京字節跳動公司（ByteDance）。根據去年（2021）《路透社》（Reuters）援引中國的「企業信用信息公示系統」指出，如今字節跳動的主要中共官方投資人為網投中文（北京）科技有限公司，該公司由三家中國國家機構所共同擁有，包括中國互聯網投資基金、中央人民廣播電台子公司、北京市文化投資發展集團，其中中國互聯網投資基金由中國國家互聯網信息辦公室（網信辦）與財政部所設立。

抖音官方股東包括中國網信辦

抖音創辦於 2016 年 9 月，2017 年母公司字節跳動併購美國影音平台 musical.ly 之後，於 2018 年推出海外版 TikTok，目前 TikTok 在全球擁有超過十億活躍用戶，持續高速成長，根據網路安全公司 Cloudflare 去年底指出，TikTok 從去年 8 月就取代 Google 成為全球最受歡迎（流量最高）的網站；《英國廣播公司

新聞》（BBC）國際媒體觀察部報導 TikTok（以下統稱抖音）一半以上用戶年齡低於 30 歲。

俄羅斯入侵烏克蘭當天，抖音上即出現俄國軍機列隊飛越烏國國境、大量俄國傘兵空降等「耀武揚威」的影片，似乎試圖震懾烏國軍民士氣、嚇阻西方國家干涉戰事，這些聳人聽聞、以假亂真的影片不但在抖音廣傳，也被包括台灣等多國媒體大肆引用傳述，結果不久就被證實這些影片來自多年前舊片，甚至被指影片中是美國軍機。另一段被發現是 2016 年舊片的傘兵空降影片，在被抖音移除之前，已經吸引兩千萬人次觀看。

澳洲《特別廣播服務公司》（Special Broadcasting Service, SBS）3 月底指出，歐洲數位調查機構 Tracking Exposed 發布報告批評，在俄羅斯的抖音內容被限制功能，俄烏戰爭後俄羅斯用戶無法再看將近 95% 的內容。該機構研究主管羅馬諾（Salvatore Romano）認為這意味著俄羅斯用戶只能看到被克里姆林宮篩選過的挺俄官方內容。

英國資訊適應力中心（Centre for Information Resilience, CIR）的特別專案總監薩仁（Tom Southern）則認為，抖音不像近期被俄國官方以「從事極端主義活動」禁用的臉書和 IG 能繞過俄國官方審查，因為抖音支持俄國官方宣傳。

《特別廣播服務公司》亦指出，英國資訊適應力中心自從 2 月 24 日俄羅斯入侵烏克蘭以來，有 60 名志工在社交媒體篩選與驗證數千則影片和圖像，創建一張準確的持續衝突導航地圖，發現雖然許多主流社群網路平台限制俄國官方宣傳，但是抖音「似乎反其道而行」。

此外根據英國《衛報》（The Guardian）3 月 21 日報導，反假

訊息研究機構 NewGuard 公布研究，發現抖音會將俄烏戰爭的假訊息散播給新註冊用戶，新用戶在註冊後觀看推薦內容（For You Page）的 40 分鐘之內，會被推送俄烏戰爭假訊息，包括美國在烏克蘭擁有生化武器實驗室等等，沒有任何影片標註消息來源、可信度、警告或者事實查核，並且被認定是俄國官方宣傳內容。

NewGuard 研究團隊發現抖音搜索功能也混雜許多假訊息，搜索關鍵字「俄羅斯」、「烏克蘭」以及「戰爭」等前 20 則結果，顯示不少錯假與誤導影片。此外截至三月中旬，帶有 #Ukraine 標籤的影片點閱量已經超過三百億次，傳播規模驚人。

警惕抖音步調一致的網紅網絡

儘管抖音近年來爆炸性成長，然而其受制於中共的背景，活躍用戶的規模，以及擴散力極強的傳播模式，加上中共加強掌控，早已受到全球各界警惕，在俄烏戰爭期間配合俄國官方宣傳，恐怕是不令人意外的最新案例。

《紐約郵報》（New York Post）最近發表文章警告，中共利用全球社交媒體生態系統來擴大其影響力，通過抖音等工具，中共悄悄建立一張由「網紅」組成的網絡，他們如「鸚鵡學舌」地傳達中共當局的觀點，這些精心製作的內容「在宣傳中國優點、轉移國際對中共侵犯人權的批評、推送北京當局論調時，幾乎步調一致。」並且強調網紅是故意誤導訊息的特洛伊木馬，藉由大量網紅與數十種語言，中共已經將抖音「武器化」。

去年中，在好萊塢以及數位科技領域頗具影響力的巨星艾希頓・庫奇（Ashton Kutcher）也曾經鄭重警告，抖音不僅已經威脅美國人，也威脅到美國國家利益，而且中共很可能利用抖音進行

滲透，大肆傳播南海主張、反抗美國、侵犯台灣等言論，煽動民眾反對美國政府的台灣政策以及南海政策，必須提高警覺。

　　中共所控制的抖音，在俄烏戰爭當中顯然成為力挺俄國的宣傳工具，已經進階「武器化」，不再只是中資當紅網路社群影音平台如此單純了。

2022 年 4 月 29 日

33

「戰略夥伴關係」是騙局？
烏克蘭識破中國兩手策略

俄羅斯入侵烏克蘭超過半年，中國對俄宣稱「合作沒有禁區」之充分支持態度，已經過時間驗證，從而更使得烏克蘭政界識破中烏兩國所謂「戰略夥伴關係」，純屬中共的騙局。

俄烏戰爭半年以來，中國對俄羅斯的種種支持與協助，烏克蘭看在眼裡忍在心裡，往往隱而不發，相當低調。近期烏克蘭政界終於付諸行動，除了重申質疑中國援俄，並且呼籲政府當局應該謹慎重估與中國之關係。

禁不起考驗的戰略夥伴關係

烏克蘭國會外交委員會主席梅列日科（Oleksandr Merezhko）8 月底在基輔於《美國之音》書面專訪指出，北京當局辜負了與烏克蘭的戰略夥伴關係。

烏克蘭與中國於 2011 年簽署「戰略夥伴協定」，此為當年 7 月前中國國家主席胡錦濤訪問烏克蘭所確立，親近中國與俄羅斯的前烏克蘭總統亞努科維奇（Viktor Yanukovych）還曾在 2013 年 12 月特地訪問中國，進一步簽署烏中廣泛友好合作協定，加強推動烏中「戰略夥伴關係」。

梅列日科羅列中國不值得烏克蘭信任的四大「罪狀」，包

括：與對烏克蘭犯下種族滅絕重罪的侵略國俄羅斯擁有「沒有禁區」的戰略夥伴關係、幫腔俄羅斯散布不實宣傳、協助俄羅斯規避西方制裁，以及與俄羅斯聯合軍演。

梅列日科直言，在此現實條件下烏克蘭如果仍然維持與中國的戰略夥伴關係，相當荒謬。強調烏克蘭應該認真重估與中國的戰略夥伴關係。

烏克蘭國會剛於 8 月 17 日成立跨黨派友台小組，以便與台灣建立雙邊合作關係，15 位成員有三分之二為執政黨籍，梅列日科為友台小組領袖。友台小組籌備過程備受中國駐烏克蘭大使館施壓阻撓。

早在 2 月 24 日俄羅斯入侵烏克蘭沒多久，美國前國務卿龐佩奧在 3 月 4 日的訪台專題演說中已經提醒世人，中國破壞與烏克蘭「雙方在國家主權和領土完整等共同關切的議題上彼此支持」之承諾，如今這項攸關烏中兩國戰略夥伴關係的諾言已經消逝無蹤。

龐佩奧批評「獨裁者」普丁侵犯烏克蘭，並且持續以武力重劃與鄰國邊界，警告世人切莫錯估形勢，因為普丁的目標是重建蘇聯版圖，不會止步於烏克蘭。

另一方面，中國從未譴責俄羅斯入侵烏克蘭，甚至有中國政府早知普丁計畫侵烏，但希望別在北京冬奧前動武之說法。龐佩奧強調，中國撕毀對香港的承諾舉世皆知，世人也應該注意最近中國又破壞另一項承諾──「烏中戰略夥伴關係」。

然而，烏克蘭總統澤倫斯基（Volodymyr Zelenskyy）對中共無限挺俄向來低調以對，迄今似乎仍為中國保留外交斡旋彈性與經濟合作空間，甚至近期還曾兩度公開期許中國政府與企業參與

烏克蘭戰後重建。

　　對此，梅列日科認為民主社會國會議員與行政高層對某些議題看法不同很正常，但就經濟發展而言，烏克蘭應該更仰賴西方民主國家，而非中國。

中國失去參與重建之正當性

　　與澤連斯基同屬人民公僕黨（Servant of the People）的梅列日科於 8 月 17 日與 14 位跨黨派國會議員成立友台小組，期望在經貿、文化、人道等領域與台灣發展雙邊關係。擔任發起人與主席的梅列日科表示小組人數可能增加，而澤倫斯基對於小組成立並不知情。友台小組要在下屆國會全體大會經過議長宣布之後才算正式成立。

　　根據台灣中央社專訪，8 月 15 日的友台小組成立聲明指出，台灣支持烏克蘭，在烏克蘭抗俄過程中提供援助，烏克蘭有必要與台灣加強關係，因為與價值相近的社會深化連結有助捍衛自由、法治、民主等共同價值。此外，梅列日科認為友台小組符合烏克蘭各項國際協定義務以及「一中政策」，發展友台關係也符合歐盟方針。梅列日科強調烏克蘭是主權獨立國家，北京沒有理由阻撓烏克蘭國會成立對台小組以及訪問台灣。

　　美國《新聞週刊》（Newsweek）8 月 28 日報導，烏中兩國醞釀外交爭端，梅列日科表示因為友台小組的成立，北京已向烏克蘭駐中國大使館提出抗議，梅列日科批評中共「試圖對外國國會發號施令」，並且披露在宣布成立友台小組前夕，中國駐烏克蘭大使范顯榮除了曾向烏克蘭執政黨大老投訴，並且曾經試圖會面，但被他拒絕。

　　梅列日科並向《新聞週刊》指出，他在 3 月曾經和數名國會同事試著拜會范顯榮，希望中國支持開闢人道走廊，但是范拒絕見面——在烏克蘭有難之際，中國的冷漠甚至落井下石，是促成國會成立友台小組加強台灣關係的重要因素。

　　此外，梅列日科表示烏克蘭感謝台灣支持對抗俄羅斯，特別是迅速對俄制裁以及捐贈鉅資協助重建，烏克蘭珍視與台灣共同擁有的民主、人權及自由等共同價值。

　　在中共黨國的外交邏輯，「親中共政權」才配共享「戰略夥伴關係」。如今力抗俄羅斯的烏克蘭政府亟需西方民主陣營支持與協助，自然不如十年前親中；而半年來中國「親俄抗美不理烏克蘭」的手法，恐怕早被烏克蘭看破，在歷史記上一筆，將來中國即使有機會參與烏克蘭戰後重建，也已經失去正當性，勢必引爆民怨、遭受民意嚴厲挑戰。

2022 年 9 月 5 日

Part 4

美中對抗・無可逆轉

34

美國務卿蓬佩奧柏林演講，抨擊中共打造新威權主義

　　11 月 8 日上午，美國國務卿蓬佩奧（Mike Pompeo）在德國柏林著名的布蘭登堡大門前發表演說，除了慶祝柏林圍牆倒塌 30 周年，也呼籲歐美共同捍衛民主自由，直指中共對全球威脅擴張，警告共產主義的惡靈並未消失。

　　11 月 9 日是推倒柏林圍牆 30 週年紀念日。30 年前的 1989 年當晚，前東德高官擺烏龍，誤傳可以立即允許東德公民自由出境，吸引數萬東柏林人湧向西柏林關卡，邊境東德警察混亂失措放行。柏林牆瞬間被民眾推倒，不到一年之後共產東德併入民主西德，兩德統一。

　　蓬佩奧在此歷史紀念日訪問德國，並且受德國科爾伯基金會邀請發表演說。1987 年美國總統雷根也曾經在布蘭登堡大門西柏林一側發表演說，呼籲蘇聯元首戈巴契夫推倒柏林圍牆，兩年後柏林圍牆瓦解，隨後戈巴契夫解散蘇聯共產黨，迅速引發蘇聯與東歐共產國家解體浪潮。

中共鎮壓人民的方式類似東德

　　蓬佩奧強調自由國家正與中共展開價值之爭，表示「美國和盟邦不應該把捍衛而來的自由與勝利視為理所當然，要了解我們

正與不自由的國家進行價值觀的競爭。」批評中共「正在打造新威權主義，這是種世上已經很久沒見過的威權主義。中共鎮壓人民所使用的方式與策略，和前東德有令人震驚的相似之處。」

蓬佩奧對北約重要盟邦德國呼籲，西方自由國家要團結一致，並特別提醒德國在 5G 方面應該警惕華為投標德國基礎建設。

歷史的重大變化往往轉瞬而至。蓬佩奧在演說中回憶，1989年布希總統當選時，有專家宣稱柏林圍牆會再屹立 50 年到 100年，但沒多久圍牆就倒了。

對於中共威脅，蓬佩奧強調美國當局針對的是中共極權統治以及對全球的影響，而不是中國人民。並且警告世人，中共政權與軍隊持續干預鄰國主權，以不人道的方式管制新疆、傷害香港自由、騷擾與監控香港異議人士。

蓬佩奧對德國直言，中共監控技術令人非常震驚，「德國情報局長也說過不能信任華為，華為就是中共的工具。」他表示，柏林圍牆雖已倒塌，但是對極權統治者而言，這個紀念日令他們恐懼，不敢慶祝，尤其中共正在破壞國際自由公平的秩序，並且利用這種秩序遂行擴張目的。

「中共和中國人民是不一樣的」

蓬佩奧並且預告將會發表系列演說，據悉內容將包括美中競爭的意識形態和價值觀，以及對美國及全球的影響；中共以統戰、滲透、間諜以及操弄輿論，利用民主與言論自由，破壞生活方式並從中漁利。

此外，蓬佩奧談到中共積極參與國際組織，創造符合中共價值的國際空間，同時擴張其專制極權體系與工具，中共通過「一

帶一路」設計債務陷阱、影響國際秩序，便是顯例。而中共利用國有資金與國企在世界進行不公平競爭，攫取智慧財產甚至掠奪市場，也是關注焦點。

蓬佩奧認為，從中共領導人談話便可了解，中共是持續鬥爭的馬列主義政黨，不但人民必須在思想和行為上服從中共菁英，而且正利用科技與武力向國際擴張。

就在 11 月 8 日當天，美國駐華使館發表推文，指出中共當局故意在微博刪掉了蓬佩奧的講話內容，使得中國人民接觸不到真實的消息，強調中共做法「更說明了中共並不代表中國人民的利益」。

美國駐華使館推文明指：「美國駐北京大使館微博頁面上所登載，蓬佩奧國務卿 @SecPompeo 的講話遭到審查與刪除。如果中共尊重中國人民，就會避免審查制度，讓人民形成自己的世界觀。這個政黨和中國人民是不一樣的。」

呼應哈德遜智庫演說

此前，10 月 30 日在美國智庫哈德遜研究所（Hudson Institute）的領獎演說中，蓬佩奧也曾經強調「中共不等於中國、中共不能代表中國人民」之重要概念。蓬佩奧是哈德遜研究所本年度赫爾曼‧卡恩獎（Herman Kahn Award）得主，這座獎冠以智庫創辦人卡恩之名，以紀念卡恩在冷戰時期堅守美國價值之貢獻。

蓬佩奧當時表示，美中兩國人民在歷史上維持很好的關係，但是這種關係遇到了挑戰。強調「美國一直非常珍視與中國人民的友誼，而中共政府與中國人民並非同一回事。」「中共正不擇

手段挑戰美國和全世界，我們都要面對這些挑戰。」並且強硬抨擊中共：「今天我們終於明白，中共敵視美國和我們價值觀的程度，其惡劣的言行，以及對我們的影響。」

蓬佩奧認為中共侵害美國利益，也正在對抗西方自由價值，美國必須應對。以蓬佩奧身為美國國務卿、前中央情報局長的重要地位，近期持續抨擊中共，而且比副總統彭斯日前對中共的第二次重要演說力道更為強勁；更重要的是，蓬佩奧預告對中共將有一系列更為詳細的控訴，其內容與影響，特別值得持續關注。

2019 年 11 月 12 日

35

納瓦羅警告成眞：「致命中國」 隨肺炎現形，美日擬資助製造業回國

　　美國白宮貿易顧問納瓦羅（Peter Navarro）長期警告，多年來美國製造業大量遷往中國，過度依賴中國市場，製造根基被中共控制，後遺症將相當嚴重。如今疫情爆發，美國國內抗疫物資製造產能不足，亡羊補牢緩不濟急，損失慘重。納瓦羅之警告不幸成眞，許多先進國家也遭逢生產製造受制於中國之困境。

　　現年 70 歲的納瓦羅爲哈佛大學經濟學博士，曾於美國加州大學爾灣分校商學院任教約 20 年，勤於著述與評論，除了製作紀錄片，也出版十多部著作，有幾本特別警惕中共惡意貿易與軍事擴張，包括知名的《致命中國》（Death by China）。

　　納瓦羅曾經在 2016 年美國總統大選協助川普擬定貿易政策，疾呼重振美國製造業，避免中共挾持美國製造業、威脅美國國家安全。

多次強調本國製造業極為重要

　　納瓦羅警告，中國近年積極收購與投資美國企業，企圖控制美國食品、醫療、藥品、工業、軍需等民生物資與國防產業，進而控制美國，實現中共霸權。

　　納瓦羅認爲只要美國重振製造業，將會產生「高倍數效應」

（high multiplier effect），強大的供應鏈體系得以重建，工作機會增加，薪資水平也會提升。他也提醒製造業攸關經濟安全，而經濟安全就是「國家安全」，強調「沒有強大的製造業，就無法擁有強大的美國」。

去年底，納瓦羅應美國前白宮首席策略長班農（Steve Bannon）邀請，於班農的 Podcast 節目對談，主題為「這是一場革命」（This Is A Revolution: Bannon And Navarro Discuss China, Economic Nationalism, And 2020 Outlook）。納瓦羅重申美國製造業受制於中共的重大危機，表示：「突然間，我們 10 年、20 年、30 年當中不曉得製造業到底發生什麼事？製造基地跑到哪裡去了？」

納瓦羅當時強調，中共近 20 年「惡意地」（malevolent）吸收美國製造業，利用不公平補貼搶佔市場，設計「國家資本主義模式」威脅全球製造業，這是中共的陰謀，不只是為全球提供大量廉價勞工這麼簡單，也因此「我們失去 7 萬多家工廠、超過500 萬個工作機會，基本上摧毀我們作為世界製造基地的核心地位」。

肺炎疫情慘重印證《致命中國》

早在 2011 年出版的《致命中國》書中，納瓦羅便極力警惕中共對美國製造業以及國家安全之威脅，其中約有十分之一篇幅的核心章節提到中共「摧毀就業機會的八種武器」，在正常而公平的自由貿易規則下，每一種都非法，當中也提到中共以限制關鍵產品或原料之出口，做為戰略武器。本書於 2012 年被 Netflix製作為暢銷紀錄片。

　　而今，新型冠狀病毒重傷全球，歐美先進國家不僅傷亡損失慘重，防疫物資更是嚴重匱乏。多國同時驚覺，防疫物資的生產製造能量早已集中在「中國製造」，中共刻意限制出口，或者未經合格檢驗任由企業以劣貨、假貨高價倒賣，而多國大規模採購不堪使用的防疫物資之後，數以千萬單位的高價物資全數報廢，諸多情節之相似、頻繁以及惡劣程度，已令世人高度質疑是中共有意阻撓各國防疫進度。

　　此外，國際輿論發現，在疫情爆發初期，中共中央的統戰部門早已統籌聯繫遍佈全球的各種中共組織（例如協會、商會、同鄉會、同學會、學生會等等）以及親共華僑，以救援武漢為名義，如同趕業績般地積極掃貨，搶購口罩、醫療手套、防護衣、測試劑等特定物資，還高調地在官網表揚高績效組織以及代表人物，中共官方不顧多國防疫之預備需求，趁虛而入，鼓勵中國人全球大掃貨之跡象明顯。

　　近期美國知名企業 3M 公司和 Honeywell 公司之高管向美國政府坦承，中共當局從今年 1 月開始，嚴禁將其在中國設廠製造的 N95 口罩和醫療手套等防疫物資出口至美國，相對地，當時全美各地物資不僅被組織化地掃貨寄往中國，甚至美國官方與民間還發動善心救援行動，捐給中國不少物資。而今美國疫情大爆發，防疫物資嚴重不足，包括醫療前線最基本的口罩與防護衣，此事被揭露之後，已遭致美國政界人士嚴厲抨擊。

　　此時瘟疫猶如威力強大的震撼彈，不僅重擊全球社會，影響數十億人之生計，也衝垮一個世代的全球化產業體系以及「中國製造」地位。除了美國，歐洲多國以及日本也深刻體會切膚之痛，驚覺製造業是國家命脈，必須從中國的低成本與大市場迷夢

中警醒,確實掌握本國生產能量。

正如上週《彭博社》(Bloomberg News)報導,日本計畫提供約 20 億美元資助日本企業將中國生產線遷回國,另以約 2 億美元資助將中國生產線遷移到他國;幾乎與日本同時,美國白宮首席經濟顧問庫德洛(Larry Kudlow)也於《福斯新聞》(Fox News)表示,政府可以藉由支付「搬家」的全部經費來鼓勵美國企業加速從中國遷回美國。各國以政策鼓勵企業加速與中國脫鉤,已是箭在弦上,不得不發。

2020 年 4 月 14 日

36

遽增的「惡意外國影響」：
FBI 局長揭露中共對美攻勢

美國智庫哈德遜研究所（Hudson Institute）上週舉辦重量級對談會議，美國聯邦調查局（FBI）局長雷伊（Christopher Wray）在會中揭露中共對美攻勢，包括滲透民主開放制度、布建綿密情報網、威逼利誘、大量駭客入侵等手段，嚴重傷害美國經濟以及國家安全。

哈德遜研究所於 7 月 7 日召開的這場線上會議，主題為「與FBI 局長對話：中共企圖影響美國機構」，主持人為該研究所戰略與政治專案高級研究員米德（Walter Russell Mead）。

目前也在美國巴德學院（Bard College）以及耶魯大學任教外交政策的教授米德，今年 2 月曾經針對疫情咎責中共，於《華爾街日報》發表一篇名為〈中國是真正東亞病夫〉的文章，一度引起軒然大波，中共當局因此抨擊米德「詆毀中國政府和中國人民抗擊疫情的努力」，直指標題「帶有種族歧視色彩」，繼而吊銷三名《華爾街日報》駐北京記者的記者證，並且驅逐出境。

中共當然干擾美國大選

會議中，米德問及中共是否干擾美國 11 月大選，雷伊表示中共當然會這麼做，並指出中共的惡意行動企圖改變美國政策

與立場：「每年 365 天，每週 7 天，每天 24 小時，從不間斷。」
「不僅針對選舉，實際上是不停地威脅。他們當然特別對大選施
壓，過程中當然有他們的盤算。」

　　而關於施壓範圍，米德特別問到雷伊提過的台灣問題。雷伊
則回應除了台灣，還包括香港問題，中國異議人士、維吾爾人權
問題，還有中共對新冠肺炎的反應——意即中共施壓的名單很
長。

　　雷伊舉出與台灣相關的常見案例，比如中共聽說某位美國官
員——假設是州長、州議員或者國會議員——計畫拜訪台灣之風
聲，中共便會以有系統性的手段影響該位美國官員的選民，並且
控制相關的美國公司、學術機構、新聞媒體在中國的利益。中共
會公開警告，如果該位官員執意拜訪台灣，中共會吊銷該官員所
在州某家重要公司在中國的許可證，公然打擊無辜的第三方，藉
以威嚇該官員。

　　如果這樣直接公開的脅迫沒效，雷伊表示，中共會以間接、
隱蔽、迂迴、欺騙的方式施壓，例如影響與該官員親近或信任的
人，讓他們以「中間人」姿態影響該官員配合中共。

　　這些順從威逼利誘的中間人大多不會向官員告知實情，雷伊
認為更糟糕的是，某些中間人可能沒意識到嚴重性，甚至不知道
已經被利用了。

積極擴張的「惡意外國影響」

　　雷伊強調台灣只是一例，他指出中共常以「惡意外國影響」
（Malign Foreign Influence）駕馭美國人。傳統的「外國影響」應
是正常合法的外交活動，自有外交管道與儀節，然而中共的手段

卻不屬於此範圍，雷伊補充：「這種惡意的外國影響是顛覆性、祕而不宣、犯罪性質的，或者以脅迫爲目的，意在左右美國政策，扭曲美國公共話語，打擊我們對民主程序和民主價值的信心。」

雷伊警告，中共正在進行一場高度複雜的惡意外國影響運動，其手段包括賄賂、敲詐、祕密交易。中共外交官赤裸裸地施加經濟壓力，同時收買看似獨立的「中間人」，藉以傳播中共的政治目的，強力影響美國官員。

雷伊認爲，中共的立場即使路人皆知，然而「更險惡的是，中共以迂迴的方式影響我們的政策制定者，令當事人忽略危險性」。

例如，中共經常以「千人計畫」和「孔子學院」影響教育界和學術界，積極滲透與招募科研學者；在商業安全和科技安全領域，中共配合「中國製造 2025」等明確目標，剽竊眾多智慧產權。尤其如今疫情大流行，中共重點鎖定航空製造和醫藥公衛領域。雷伊在對談中告訴米德：「我們經常看到，製藥公司或者研究機構剛宣布取得某種重大研究成果，幾乎第二天就發現開始有大量中國駭客入侵那家機構，企圖竊取或破壞研究內容。」

雷伊譴責中共剽竊美國機密的企圖與行動日益猖狂，並且重申他在 6 月底的警告：中共對美國的國安威脅極爲嚴重，美國近期動用大量資源調查約 2500 起與中國政府有關的反間諜情報案件，平均每 10 個小時便需要成立一項跟中共有關的調查專案。此外，過去 10 年裡與中共有關的經濟間諜案件成長了 1300%，雷伊強調美國面臨的風險已經太高，對美國企業以及整體經濟造成傷害之鉅難以估計。

　　此前，6 月 25 日《華盛頓觀察家報》（Washington Examiner）引述 FBI 報導，中共駐華盛頓大使和駐紐約外交官暗中協助在美國高薪招募科學家到中國，而且不僅限於中國裔學者，此行動主要來自「千人計畫」。

面對中共威脅的因應之道

　　雷伊表示目前瘟疫大流行，中共重點侵犯領域是航空製造、醫藥公衛，以及機器人 AI 技術，甚至包括農業技術。中共的威脅已經遍及美國全國，從大城市到農村，從《Fortune》世界 500 強企業集團到小型新創企業。

　　在 7 日的這場會議中，雷伊也建議美國社會大眾，為理解中共威脅以及因應之道，應該記住三點。第一，需要看清中共野心有多大。因為中共相信透過一代人的戰鬥可以超越美國，成為經濟和技術上的全球霸主，中共會投注舉國之力，不擇手段。

　　第二，需要明白中共的各種複雜手段，從網路攻擊到收買內線，甚至直接動員剽竊智慧產權。竊賊身份廣泛，除了中共情報人員，包括偽裝為民企的國有企業、研究生和學者等等。

　　其三，需要記住中共政治制度與美國制度完全不同，中共利用其專制極權封閉制度的特性，滲透與破壞民主自由開放制度。例如，許多制度區別在美國意義重大，但在中共幾乎不存在。中國政府與中國共產黨，民間與軍方，民企與國企，在政治上沒有區別，完全聽命於「黨」。甚至在中國經營的美國公司也被迫成立中共黨組織，相關費用還計入營業支出。

　　FBI 局長雷伊近期的系列演說與緊急呼籲，顯示中共早已對美國展開系統性、全方位的冷戰，並且規模仍在提升中，也再度

爲美國社會，甚至爲台灣乃至全球，對中共急速擴張的紅色滲透
敲響警鐘。

2020 年 7 月 13 日

37

中共借船出海？《中國日報》
滲透多元化，美國會議員促嚴查

美國國務院 6 月 22 日將四家中共官方媒體認定為「外國使團」，視同中共政府組織。從今年 2 月至今，被美國列為外國使團的中共官媒已有九家，其中高調的《中國日報》（China Daily）備受矚目，美國國會議員多次力促嚴查。

今年 2 月，美國國務院將五家駐美之中共官媒認定為外國使團，要求比照外國使館向國務院登記在美雇員和財產資訊，這些媒體包括《新華社》、《中國環球電視網》、《中國國際廣播電台》、《中國日報》發行公司以及《人民日報》海外版。

中共藉《中國日報》大買美國媒體廣告

美國版《中國日報》直屬中共中央宣傳部、國務院新聞辦公室，在美國許多主要城市發行，於街頭設置免費報箱，積極在知名主流媒體買廣告，置入經中共核准的公關文章，特別在華府以夾頁模式寄生在《華盛頓郵報》、《紐約時報》、《華爾街日報》等大報，滲透各國會辦公室。

《中國日報》在美國的年度經費從 2009 年 50 萬美元，激增到 2019 年的 500 萬美元，可見中共近十年重視程度，儼然成為中共在美國「大外宣」前鋒主力。根據美國司法部 6 月初最新文

件，《中國日報》在過去將近四年，向美國媒體支付近 1900 萬美元費用，當中支付某些知名媒體的廣告費超過 1100 萬美元。

　　為因應美國《外國代理人登記法》（FARA）要求，美國版《中國日報》6 月 1 日向美國司法部申報，自從 2016 年 11 月以來，向美國多家知名媒體支付近 1900 萬美元的廣告印刷等費用，並且在推特購買高達 26 萬美元的廣告。數十年來，這是《中國日報》首次向美國司法部申報在美國境內之詳細支出帳目。

　　近年《中國日報》引起美國政界多次關注，去年 11 月 7 日，曾任八年佛羅里達州州長的共和黨籍參議員史考特（Rick Scott）曾經致函新聞媒體聯盟（News Media Alliance）和美國新聞協會（American Press Institute）總裁暨執行長查弗恩（David Chavern），要求敦促協會成員鄭重考慮避免與《中國日報》合作。

　　史考特引用《中國日報》去年 11 月 6 日頭版新聞報導：「西方自由民主之願望是一種惡性病毒，會感染意識形態免疫系統薄弱的地方。」史考特強調這分明是對美國讀者的惡意宣傳，「美國報紙什麼時候不再在意國家價值觀，只將讀者的閱讀權賣給出價最高的人？」「我們不能低估中共的威脅，共產黨不尊重言論自由與人權。」

　　此外，根據《華盛頓自由燈塔》（Washington Free Beacon）去年 12 月 18 日報導，數十年來《中國日報》一直在美國主流媒體上投放公關廣告美化中共，直到 2012 年才向美國司法部公開坦承宣傳行動，但似乎無關痛癢，近年來《中國日報》仍然一再違反聯邦規定。

　　近期《中國日報》最惡名昭彰的案例，是 2018 年美國期中選舉期間，《中國日報》在《得梅因紀事報》（Des Moines

Register）買下四個全版廣告，刊文批評總統川普在美中貿易戰對中國加稅，煽動愛荷華州農民對川普不滿，刻意影響選情。

在《華盛頓自由燈塔》發現《中國日報》多次無視美國聯邦法律、違反美國政府外國代理人的要求後，美國國會眾議院軍事委員會委員班克斯（Jim Banks）、參議員科頓（Tom Cotton）等 35 位跨黨派國會議員，於今年 2 月 6 日致函司法部長巴爾（William Barr），敦促司法部對該報「全面調查」。

利用國際主流媒體「借船出海」

美國非營利組織「自由之家」（Freedom House）今年初發布報告顯示，自 2017 年以來，這些中共大外宣運動顯然改變策略加速進行，而且邁向全球化。

「自由之家」資深研究員庫克（Sarah Cook）指出，從瑞典到俄羅斯、南非、美國和澳洲，各國媒體記者、廣告商甚至讀者，都有受到中共針對政治內容進行恐嚇或審查之個案。根據《美國之音》報導，庫克表示中共暗渡陳倉，利用海外主流媒體傳播中共官媒內容，有如「借船出海」。

美國司法部 6 月初發布的文件顯示，《中國日報》向《華盛頓郵報》支付超過 460 萬美元，向《華爾街日報》支付近 600 萬美元，《中國日報》在上述兩大報紙設計名為《China Watch》（中國觀察報）的特製插頁夾報，以新聞式版面設計宣揚中共政策，偽裝為新聞報導，混淆大報之立場，並且宣傳「一帶一路」、中國國策和習近平思想、抨擊川普當局政策，嚴重誤導輿論。

例如《China Watch》在前年 9 月吹捧一帶一路，刊登「一帶一路結盟非洲國家」（Belt and Road aligns with African nations）；

爲影響美中貿易戰,刊登「關稅將轉嫁給美國購屋者」(Tariffs to take toll on U.S. homebuyers),誇大誤導若向中國木材業加徵關稅,將會惡化美國建築與購屋成本。

美國司法部取得《中國日報》之財報中,也顯示美國代印商與發行商名單,《中國日報》委託美國《洛杉磯時報》、《芝加哥論壇報》、《休士頓紀事報》、《波士頓環球報》代印以及在美國發行。《中國日報》給了這些美國各地大報總計超過 760 萬美元,其中《洛杉磯時報》近年來收取 65.8 萬美元的印刷服務費。

在中共大外宣戰略布局中,這些在美國各主要都會具有悠久傳統與影響力的知名媒體,彷彿被中共金錢操控的魁儡與幫兇,更值得關注的是,這些政治經驗老道的主流大媒體主事者,不可能不曉得中共對美國的統戰企圖。

在中共十多年大外宣戰略的野心之下,全球華文媒體的話語權幾乎全被中共所掌控,近年來恐怕連美國大量知名主流媒體也是,美國國會的嚴重關切,絕非空穴來風。

2020 年 7 月 16 日

38

美中冷戰「新鐵幕演說」：
中共若不改變，世界不會安全

　　美國國安、情報與司法首長近期陸續批評中共之後，國務卿蓬佩奧（Mike Pompeo）於 7 月 23 日發表對中政策重量級演說，強調中共為自由世界的最大威脅，呼籲盟友共同促進中共政權改變。蓬佩奧這場演說升高意識形態對峙情勢，被國際輿論視為具有美中冷戰「新鐵幕演說」之歷史地位。

　　1946 年 3 月 5 日，英國前首相邱吉爾（Winston Churchill）在美國發表反抗蘇聯以及共產主義之警世演說，形容「鐵幕」（Iron Curtain）已經籠罩共產陣營，因而被稱為「鐵幕演說」。此演說被公認正式拉開美蘇冷戰序幕，1947 年 3 月美國揭示「杜魯門主義」，美蘇冷戰升級。

　　蓬佩奧在加州尼克森總統圖書館（Richard Nixon Presidential Library and Museum）的演說，主題為「共產中國與自由世界的未來」，宣示當前華府對中共的立場，特別強調美國近 50 年來同中國的交往模式已經失敗，促請各國盟友聯手改變中共行為。蓬佩奧也鄭重提醒盟友切勿把共產中國視為正常國家，因為中共經常失信於國際協議，只是利用國際協議作為稱霸世界的契機。

　　尼克森圖書館所在地加州橘郡（Orange County），是美國前總統尼克森的故鄉，巧合的是，也是蓬佩奧的出生地。1972 年尼

克森在當時國家安全顧問季辛吉（Henry Kissinger）積極推動「交往政策」下，美國與共產中國的關係邁向正常化。蓬佩奧在演說表示體諒 1972 年的時代背景，如今並非否定尼克森當年政策，而是要和尼克森達致相同目標，也就是「中國必須改變」。

當心就要改變我們的共產中國

無奈的是，美國發現近 50 年的「交往政策」已經失敗。中國在西方自由國家的協助下雖然挽救了當年衰敗的經濟，甚至成長迅速，卻更趨於威權專制，並且將暴政工具擴張國際，恩將仇報。回顧美中關係數十年來變化至此，蓬佩奧選擇在尼克森總統圖書館發表「討共」演說，似乎已經昭示美中關係「從尼克森開始，在尼克森結束」。

在近年美中爭戰的國際局勢下，許多國家認為似乎被迫要在美中之間選邊站隊，蓬佩奧在演說中澄清，這並不是在兩國之間選擇，而是在自由和暴政之間的價值抉擇。蓬佩奧也以當年美蘇冷戰為例強調，對中共「並非遏制政策。這是種複雜而且前所未有的挑戰：蘇聯當時與自由世界隔離。而現在共產中國已經在此，在我們國境之內，如果自由世界不改變共產中國，共產中國就會改變我們。」

蓬佩奧表示，「共產黨總是撒謊，最大的謊言就是宣稱代表被監控、壓迫、懼於發言的 14 億人民。」「其實正好相反，相較於任何外國對手，中共更懼怕中國人民真實的聲音。中共沒有理由懼怕人民的聲音，唯一的理由是唯恐失去政權。」蓬佩奧強調他只針對中共政權，認為美國仍應與中國人民交流打氣，並且補充：「這是充滿活力、熱愛自由的民族，他們與中國共產黨完全不同。」

美中交往模式已經失敗

蓬佩奧呼籲自由世界對中政策必須改變，表示「與中國盲目交往的舊有模式已經失敗」（Old paradigm of blind engagement with China has failed），批評中國國家主席習近平為「破產的極權意識形態之忠實信徒」（true believer in a bankrupt totalitarian ideology），並指應對中國採取「不可信任且應查證」（distrust and verify）的態度，意即必須「聽其言、觀其行」，相較於雷根總統在美蘇冷戰時期的「信任但查證」（trust but verify）策略，更為警戒。

不到十天之前，蓬佩奧於 7 月 15 日在國務院記者會已經聲明「美中關係已經逆轉，這是中共所作所為的後果」，並強調中共對中國人民惡貫滿盈，自由世界不會再容忍中共倒行逆施。這段話發表於美國總統川普簽署《香港自治法》以及「要求中國對壓迫香港人民之行為負責」（Hold China accountable for oppressive actions against people of Hong Kong）行政令之後一日，蓬佩奧認為北京摧毀香港自由，已令美國別無選擇，《香港自治法》賦予美國當局更多能力以制裁中共，美國只能全面撤銷香港特殊經濟地位。

而在 23 日的演說，蓬佩奧開宗明義表示，這是美國當局近期中國系列主題演說的第四則，前三則分別來自國家安全顧問歐布萊恩（Robert O'Brien）、聯邦調查局局長雷伊（Chris Wray）以及司法部長巴爾（William Barr）。共同任務是闡明數十年來美中關係嚴重失衡的問題，警惕中共專制稱霸世界的圖謀。

日前的美國部長級系列演說，大致而言，歐布萊恩論及中共

大肆擴張專制極權意識形態；雷伊局長強調中共大規模的滲透與間諜活動；巴爾部長則警告，許多司法案例證實，中共提供鉅額經濟利益，目的是取代美國等多國合作對象。

　　作為美國外交與國家安全最高層級首長，美國國務卿蓬佩奧在奔走國際合縱連橫之後，返美統整中國系列演說之大成，劍指中共政權，也替代川普總統宣示對中共的戰略態度。反共的號角已經吹響，美國總統大選前白宮當局重重反共措施勢必輪番上陣，也將牽動台灣局勢，值得格外關注。

2020 年 7 月 27 日

39

這些美國機構等於在
「幫中國擦槍」

　　美國史丹佛大學胡佛研究所（Hoover Institution）日前發布研究報告，警惕部分美國研究機構與中共軍方研究機構合作密切，直接協助中共軍事現代化，無異於「幫中國擦槍」，提醒此等案例層出不窮，世界各國也必須重視。

　　《美國之音》報導，胡佛研究所 7 月 30 日發布「全球參與：重新思考研究機構中的風險」（Global Engagement: Rethinking Risk in the Research Enterprise）報告，發現在中國公開學術數據庫「中國知網」的 254 篇論文，由紐約哥倫比亞大學等 115 家美國大學以及政府實驗室與中共軍方單位合撰，美國研究機構的「指導」，等於直接協助中共加強軍事現代化。報告並指控中共研究人員涉嫌隱瞞隸屬軍方之身份。

警惕：研究機構不該「幫中國擦槍」

　　此 254 篇論文的中國大學合作單位，主要由和解放軍關係最密切的七所大學組成，包括北京理工大學、北京航空航天大學、哈爾濱工業大學、哈爾濱工程大學、西北工業大學、南京航空航天大學和南京理工大學，被中國稱爲「國防七子」。值得注意的是，這 7 所大學當中有 4 所日前名列美國公布制裁的出口管制實

體清單「黑名單」。

胡佛研究所報告強調，美國研究機構與企業和中共軍方合作，將強化中共對抗美國的實力，等於是「幫中國擦槍」，有違美國國家利益，並且警告「美國政府、大學和國家實驗室都未充分管理與外國組織進行研究合作的潛在風險」，建議研究機構對中國合作計畫從嚴審查，以免助紂為虐。

胡佛研究所這份報告所揭露的問題，和幾個月前輿論界和美國科研機構關於武漢肺炎的一場爭議相似。

今年美國 4 月 23 日，《華盛頓郵報》專欄作家羅金（Josh Rogin）撰文警告，武漢肺炎大流行的危機，正顯示與中國進行科研合作的風險。

羅金的專欄文章主題為「美國國務院的電報曾警告稱武漢研究蝙蝠冠狀病毒的實驗室存在安全隱患」，該文內容隨後遭受許多美國與西方科學家的反對，這些科學家為自己的判斷力、實驗室經費甚至中國合作夥伴極力辯護。

羅金表示，這些科學家的看法當然重要，但是許多觀點忽略了一個關鍵──「中國所有科學研究最終都必須服從中國共產黨的指令。」羅金強調「這個關鍵無庸置疑，數十年來一直如此，中國共產黨竭力掩蓋武漢肺炎疫情，充分印證此事實。」

中共利用科研進行軍事滲透

不僅在美國，全球許多國家也遭遇類似狀況。

例如去年底加拿大媒體報導，備受爭議的中國華為，對外高調宣稱是加拿大學術研發最大贊助機構之一。

華為在加拿大通訊科技領域的合作與鉅額投資，恐怕已有十

年之久，近年才因為美國的重視與警告，讓加拿大科技與國家安全機構提高警覺。許多證據顯示，華為與中共尤其是解放軍關係密切，在西方先進國家大肆進行網路間諜活動，並且剽竊智慧產權。多國情報機構警告，華為就像數位科技版的特洛伊木馬，已經嚴重威脅西方先進國家。

當時加拿大廣播公司 CBC 調查發現，華為對加拿大大學科研經費贊助超過 5600 萬元，但是聯邦政府對這些科研經費的管理和披露，欠缺監管與遵循方針，除了影響國家安全，也涉及科研成果、專利歸屬、智慧產權等問題。

而在 2018 年，華為在加拿大的研發投資總額高達 1.64 億元。此外，華為贊助以資訊工程見長的滑鐵盧大學（University of Waterloo）1530 萬元，以研發無線系統、自動駕駛、虛擬網路等十多種專案，並且贊助英屬哥倫比亞大學（UBC）300 萬元，以研發通訊與 5G 網路技術。

此外，在鄰近北極圈的丹麥，去年 11 月底該國情報單位向全球提出警告，中共軍方利用偽稱科學研究，頻頻涉足北極。丹麥國防情報局在年度風險評估報告中警告，北極地區的地緣政治受到中共威脅，日趨緊張。《路透社》也報導中共覬覦北極豐富的未開發資源，企圖在貿易與軍事方面利用北海航線（Northern Sea Route），早已將中國定位為「近北極國家」。

不久之前，美國聯邦調查局（FBI）局長雷伊（Christopher Wray）於 7 月 7 日在美國智庫哈德遜研究所（Hudson Institute）接受專訪，主題正是「與 FBI 局長對話：中共企圖影響美國機構」。

雷伊在會中警告，中共已經利用各種機構對美國展開攻勢，

包括剽竊科研成果、滲透民主制度、挑撥社會對立、加強布建情報網與駭客入侵等等,嚴重傷害美國經濟以及國家安全。

　　胡佛研究所 7 月 30 日的報告彷彿與 FBI 相呼應,只是報告重點大家也許都能懂,但要如何遏制各種機構在中共利誘之下「幫中國擦槍」,除了訴諸良知與安全,各國都需要更具體而嚴格的方法與作為。

2020 年 8 月 6 日

40

「必須協助台灣」：美前副國安顧問 博明給拜登政府的建言

　　川普政府的「中國通」、美國前副國家安全顧問博明（Matt Pottinger）於 2 月 3 日發表離任後首次公開演說，強調台海局勢若陷緊張，是北京野心所致，期望拜登政府應以實質行動協助台灣避免衝突，並且切莫誤入中共談判陷阱。

　　根據《美國之音》報導，博明在佛羅里達國際大學國際公共事務學院（The Steven J. Green School of International and Public Affairs）論壇表示，中國談判時非常擅於拖延，並且擅長將各種談判冠以高尚堂皇的名詞，比如「戰略經濟對話」等等，實際上是在拖延時間，而川普政府時期的重要策略之一，就是不讓中國拖延談判。

　　博明強調，美國應對中國施壓，儘快解決危害美國國家安全、繁榮和民主的作為，不應落入北京一次次的陷阱，被誘入長期的談判。他建議美國政府對於中共破壞美國的行為，應該直接讓中共付出代價，避免空談。

　　博明舉例指出，2017 年美國前貿易代表賴海澤（Robert Lighthizer）曾向內閣展示一張圖表，顯示 20 年間雖然進行多次美中戰略經濟對話（US-China Strategic and Economic Dialogue），但是美國在解決貿易不平衡方面並未取勝，反而對中國的貿易逆

差以及中國智慧產權侵犯行爲持續升級。

強調美國必須協助台灣

此外，博明在演說中特別關注台灣問題，強調倘若美國屈服於台灣被中國併吞，將破壞美國與盟友之間的信賴，嚴重影響美國科技競爭力以及創新優勢，半導體產業和電子業供應鏈也將受到衝擊，並且將誘發中國發動對日本甚至印度戰爭之惡果。

辭去公職後轉任史丹佛大學胡佛研究所（Hoover Institution）高級訪問學者的博明認爲，美國應以實質行動協助避免台海衝突，並且不僅美國，這也是世界各國應該關注的議題。台灣民眾必須了解局勢的重要性與危險性，而這樣的衝突主因是北京的慾望與野心。台灣民眾也必須團結支持領袖，了解必須做好備戰工作，以避免戰爭。

學生時代於麻州大學（University of Massachusetts）主修中國研究的博明，曾任《路透社》和《華爾街日報》駐中國記者約達七年，十多年前曾經負責報導 SARS 疫情，並且曾經獲得普立茲獎提名、贏得亞洲出版協會獎項。也因爲對 SARS 疫情的深入了解，在疫情爆發初期的因應措施，其在川普政府中擔任關鍵角色。

2005 年，博明加入美國海軍陸戰隊擔任少校情報官，參與過伊拉克戰爭以及兩次阿富汗戰爭，退役後（現仍爲後備役）曾經任職於紐約避險基金公司。2017 年博明應邀加入美國國家安全部門，參與起草國家安全戰略文件，在定位中國爲美國戰略競爭對手決策過程受到多任主管重視。2019 年 9 月當時新任美國國家安全顧問歐布萊恩（Robert O'Brien）任命博明爲副國家安全顧問。

博明曾經多次以「國共內戰」歷史為例，強調應警惕中共的宣傳統戰攻勢。當年中共通過思想滲透以及操縱文宣，收買許多國民黨精英、瓦解社會基礎。博明認為除了軍事因素，中共贏得內戰最主要來自統戰。

警告中共正以「統戰」對付西方

近期，博明多次警告中共正以當年擊敗國民黨的方法對付西方，投注在全球統戰之資源相當龐大，光是統戰編制總數就超過美國國務院人員四倍，並且運用數位科技工具廣泛收集西方國家公民資訊、拉攏與腐蝕西方國家精英，甚至恩威並施以遂行目的。

例如在辭任公職之前，博明於去年 12 月 30 日出席德國綠黨議員、歐洲議會「對中關係代表團」團長博帝克夫（Reinhard Bütikofer）主持的跨大西洋議會合作對中議題交流會，批評歐盟委員會竟然在美國新政府上台前夕就急著推進中歐投資協定，警告這是歐盟覬覦中國市場、罔顧中共侵犯人權的欺騙行為，直言「歐盟委員會不顧北京嚴重侵犯人權行為，急於與北京合作，是扯下一塊遮羞布（the fig leave）。」

歐盟委員會報告與北京談判已有兼顧中國勞工權利核心問題，根據協議，中方被要求承諾遵守「國際勞工組織」（International Labour Organization）關於強迫勞動的規定。然而中共在國際多方證據與指控下，一再否認在新疆等地強迫大量被濫捕的維吾爾人進行勞役，博明直言歐盟在協議中要求中共遵守勞工人權無異自欺欺人。

博明批評主因去年 12 月 30 日中共總書記習近平在網路和歐

盟領導人及德國總理梅克爾、法國總統馬克宏會晤後，共同宣布完成「中歐投資協定」談判。該項磋商多年的協定被歐盟許多主政者認為有助於擴大對中商機，其中德國企業被認為是主要受益者，尤其是大型車企。雖然德國總理梅克爾在多方批評下持續積極推動，迄今並有具體進展，但未定案，中歐投資協議仍需歐洲議會批准才能生效。

　　博明是被中共點名「制裁」的 28 名川普政府高級官員之一，可見在中共當局心目中的重要份量以及代表性。即使美國政府「改朝換代」，如同博明等川普時代 28 名官員的動向以及影響力，仍舊不容忽視。

2021 年 2 月 17 日

41

最看好中國經濟的貝萊德轉向了

中國經濟下行以及嚴厲防疫政策等因素影響下，對中國市場向來特別樂觀的知名美國資產管理公司貝萊德（BlackRock）近來立場逆轉，顯示中國經濟前景黯淡，恐怕超乎世人想像。

號稱全球最大資產管理公司的貝萊德，5 月 9 日首度修正對中國股市一貫看漲之態度，對中國資產評級由「適度增持」改為建議「中性」立場。

根據《彭博社》報導，貝萊德投資研究所（BlackRock Investment Institute）分析師博伊文（Jean Boivin）和李偉（Wei Li）發布報告，指出中共當局對於武漢肺炎疫情的封控造成日趨嚴重的大規模經濟損失，並以「封控削減經濟活動」、「中國經濟成長的前景迅速惡化」形容劣勢。

對中國的樂觀已經逆轉

報告認為，以往中國資產具吸引力的估值足以彌補風險，曾經建議「適度增持」，然而中國當局「為遏制肺炎疫情飆升而進行的大範圍封鎖，已經改變了這一切。」如今建議對中國資產採取中性立場。

貝萊德向來以對中國市場樂觀聞名，跟中共當局關係也特別

好，即使近年中共頻頻加緊監管企業與資本市場，貝萊德去年 10月依然發布看好中國市場之報告，主要理由是預測中共監管不會加劇，並且北京當局會以鴿派貨幣政策和財政政策力圖振興市場。

然而事實上，MSCI 中國指數從去年 10 月至今已經下跌28%，而同時期的 MSCI 全球基準指數只有下跌 11%，市場信心動搖主因除了中國經濟低迷，也包括中共對侵烏戰爭的挺俄立場引發政經風險疑慮，以及嚴厲封控防疫政策衝擊經濟活動。

去年 8 月底，貝萊德在中國推出「貝萊德中國新視野混合型證券投資基金」，成為中國首檔由外資獨資的公募基金。《路透社》指出貝萊德是首家獲得習近平批准，得以在中國推出共同基金業務的境外資產管理公司。

貝萊德在中國所獲得的優待雖然非同凡響，卻也招致抨擊。著名投資家「金融巨鱷」索羅斯（George Soros）去年 9 月 7 日在《華爾街日報》嚴厲批評引起軒然大波。索羅斯指稱貝萊德重押中國的投資策略，將數十億美元投入中國，對客戶資金以及美國等民主國家國安利益構成風險，是一樁「悲劇性錯誤」。

索羅斯指出，貝萊德恐怕誤解了習近平領導下的中國，表面上中國區分了國營企業和民營企業，實際上習近平政權將所有中國企業視為「一黨制國家的工具」。

索羅斯並且舉例，2020 年 11 月阿里巴巴的螞蟻集團 IPO（首次公開發行）之前被監管當局臨時喊停，2021 年 6 月「滴滴出行」在美國掛牌後突然遭到中共審查，緊接著中國補教業遭受打壓，連串事件衝擊海外投資市場，也重創在美國上市的中概股公司。索羅斯也特別強調，貝萊德必須警惕中國房地產市場的重大危機。

　　索羅斯表明，如今投資中國的資金都有助於支持習近平政權，貝萊德前進中國將危及美國等民主國家的國安利益，而習近平政權不僅在國內有壓制性，在國外也有侵略性，因而特別呼籲美國國會立法，授權證券交易委員會（SEC）限制投資人資金流向中國。

　　索羅斯認為美中兩國已經處於「民主」與「專制」與兩種治理體系的生死衝突。去年8月底索羅斯曾經投書英國《金融時報》，批評中共的強力監管已經殺了「下金蛋的鵝」，並且警告投資人搶進中概股將會失望，因為中共打擊民企必將重創經濟。而對於索羅斯頻頻放言看空中國，中共官媒也迅速反控索羅斯是「全球經濟恐怖分子」。

貝萊德終究要認清自己的「悲劇性錯誤」

　　貝萊德好不容易能夠在中國首賣基金大開利市，自然聽不下索羅斯的抨擊與警告。貝萊德發言人迅速回應索羅斯的「悲劇性」說法，表示美中兩國之間經濟關係複雜，而貝萊德正可以「幫助中國解決日益嚴重的退休危機」，以及推動美中「兩大經濟體的連結」。

　　從貝萊德相對優雅的回應看來，果然不是省油的燈。既然事業如此偉大，都是在解決大國的嚴重問題，而且也都能讓廣大投資人買單，貝萊德從中大賺其錢好像也相當合理。

　　去年秋季中國經濟持續動盪，房企龍頭恆大債務違約風波愈演愈烈，投資人拋售股票以求自保，貝萊德仍在去年9月27日發布報告強調中國股票正便宜，是逢低買入的好時機。

　　當時貝萊德分析師博伊文強調「是回到中國股市的時候

了」，表示投資人低估中國股市，或是過度擔心監管風波影響估值，縱使中國經濟放緩，但是「未來幾個月有可能放鬆防疫限制」，因而鼓勵投資中國資產。

部分美國公民團體對此可不一定同意。美國著名消費者保護組織「消費者研究」（Consumers' Research）去年 12 月 2 日對美國 10 個州的州長發表公開信，呼籲審查貝萊德投資中國的風險，包括美國國安以及投資人損失等風險。

消費者研究致函給貝萊德投資養老金最多的 10 個州，包括紐約州、佛羅里達州、華盛頓州等，指出雖然美國已經對中共威權野心提高警覺，但是貝萊德毫不掩飾地展現對中國市場的偏愛，持續大舉投資中國，支持中國經濟，從而幫助中國提升軍力。

消費者研究指出，貝萊德拿美國養老金投資中國的方式，恐讓美國投資人在不知不覺中成為中國侵犯人權與監控滲透的幫兇，警告在中共威權下投資風險堪憂，相關單位必須擔負對美國退休金擁有者的信託責任。

短短不到半年之後，中國這個全球第二大經濟體的惡化與質變已是顯而易見，貝萊德對中國市場與中共政權再樂觀，終究也得認清曾經誤判「悲劇性錯誤」的現實。

2022 年 5 月 16 日

42

中共一向把自己的話
硬塞到美國嘴裡

　　美國總統拜登出訪亞洲前夕，美中國安與外交高級官員通話，隨後中共官媒批評拜登之行是「針對中國的挑事之旅」，並且將美國的「一中政策」誤導爲「一中原則」，美國對此反駁中共是刻意「持續公開扭曲美國政策」。

　　拜登於 5 月 20 日出訪日本與南韓，並於東京參加「美日印澳四方安全對話」（QUAD）領袖高峰會議。行前美國白宮國家安全顧問蘇利文（Jake Sullivan）與中共中央外事工作委員會主任楊潔篪於 5 月 18 日通話，當天深夜中共官媒《環球時報》發表社評，批評拜登訪問亞洲是張揚的「針對中國的挑事之旅」，並將美國的「一中政策」刻意寫成「美國堅持一中原則，不支持台獨」。

　　《環球時報》批評，近期美國官員和媒體「一直都毫不避諱，大談拜登將如何與韓國、日本協調圍堵或排斥中國。這讓中國人怎麼看待美方承諾的『四不一無意』？這能不讓亞太地區所有珍惜和平發展環境的人產生警惕嗎？」

「四不一無意」是中共假造的認知戰

　　然而，中共所謂美方承諾的「四不一無意」並不存在，這是

中共設計誤導，而且硬塞給美國的「無中生有」假訊息認知戰。

　　3月18日美國總統拜登與中國國家主席習近平針對化解俄烏危機進行視訊會談，隨後中共《新華社》迅速報導拜登提到「四不一無意」，內容包括「美國不尋求與中國打新冷戰，不尋求改變中國體制，不尋求通過強化同盟關係反對中國，不支持台獨，無意與中國發生衝突」，暗示拜登為尋求中方協助化解俄烏戰爭危機，已經「釋出善意」。

　　對此，3月24日台灣國安局長陳明通於立法院答詢時表示，這種說法是中國的認知作戰，在美方清楚的訊息中「沒有這樣的東西」。台灣外交部次長田中光也表示這是中國認知戰，美國白宮發言人並無此說，美方「對台承諾不變」。

　　3月18日當天拜習會談之後大約4小時，美國白宮發布簡短聲明，強調會談重點是針對「俄羅斯對烏克蘭的無端入侵」警告習近平不要協助俄羅斯，「中共若向俄國提供實質性支持，將會面臨的影響和後果。」

　　有關台灣問題，白宮聲明僅簡單提到「總統重申美國對台灣的政策沒有改變，並強調美國繼續反對任何單方面改變現狀的做法。」

　　所謂美國的「一中政策」（One China Policy），源於《台灣關係法》、美中三個聯合公報等文件以及多年來諸如「六項保證」等政策聲明，迥異於中共所簡化的「一中原則」（One China Principal）。

　　基本上，美國的「一中政策」態度是「認識到」（acknowledge）中國的立場，但未表示贊同。5月5日美國國務院更新官網「美台關係」部分，將舊版關於美中1979年聯合公

報中「台灣是中國一部分」等相關敘述刪除，並且在有關美國的「一中政策」闡述中將《台灣關係法》置於美中三個聯合公報之前，不再提及「美國不支持台獨」。中國外交部對此指責美國改變對台灣的闡釋，美國國務院則重申「對台政策不變」，呼籲中共別再藉故施壓台灣。

中共的挑釁已經針對美國

如今對於中共發動官媒再度刻意誤導，將美國的「一中政策」改為「美國堅持一中原則，不支持台獨」，美國國務院發言人普萊斯（Ned Price）則推文反駁「中華人民共和國持續公開扭曲美國政策」（The PRC continues to publicly misrepresent U.S. policy.），強調美國不認同中華人民共和國「一中原則」（The United States does not subscribe to the PRC's "one China principle."），表明「我們依然致力於長期跨黨支持的一中政策，亦即基於《台灣關係法》、美中三個聯合公報與六項保證。」（Longstanding, bipartisan one China policy, guided by the Taiwan Relations Act, Three Joint Communiques, and Six Assurances.）

而在普萊斯推文反駁中共之前，中共對於美中雙方通話重點刻意強調台灣問題，也與美方的聲明與說法迥異。

根據中共《新華社》、《央視》等官媒報導，楊潔篪批評美國有系列「干涉中國內政」和「損害中國利益」的言行，在台灣問題上的實際行動與表態大相徑庭，並且在與蘇利文通話中強調台灣問題是中美關係「最重要、最敏感、最核心的問題」，警告美方如果執意打「台灣牌」，將會把局勢引向危險境地，宣稱「中方必將採取堅定行動維護自身主權和安全利益」，並且威脅「我

們說到做到」。

在此同時，中共於 5 月 19 日午後 6 時至 23 日午後 6 時在海南島東側的南海水域高調進行軍事訓練，與拜登出訪亞洲隔海叫陣意味濃厚。

根據《美國之音》報導，白宮聲明表示與中方對話主要聚焦在區域安全以及阻止核擴散等議題。對於楊潔篪有關「台灣牌」等說法，陪同拜登出訪的蘇利文 5 月 19 日則在美國空軍一號表示，楊潔篪談話內容幾個月以來都一樣沒有新意，美國關切「中國在台灣附近的挑釁升高了台海緊張局勢」，重申美國對台政策不變，呼籲中國減少挑釁行動。

關於拜登的亞洲之行，蘇利文和楊潔篪雙方顯然是「各說各話」，普萊斯也迅速發現並且反駁中共刻意誤導美國政策。持續公開混淆美國的「一中政策」與中共的「一中原則」，據以炮製假訊息、強化認知戰，已經成為中共利用台灣問題擴大衝突危機的新常態，中共的挑釁行動恐怕不僅限於台灣，而是已經針對美國。

2022 年 5 月 26 日

Part 5

國際警惕・如夢乍醒

43

松田康博評台灣大選：
習近平失策、民進黨靈活應變

　　台灣 2020 大選吸引全球關注，蔡英文總統成功高票連任的脈絡與意義，成為國內外許多專家評析的主題。在諸多評析中，日本東京大學教授松田康博的一場專訪，從台灣民主發展脈絡以及美中台局勢變化，務實剖析習近平之失策，相當值得參考。

　　松田康博現年 54 歲，是知名的國際政治與國防學者，對台灣、中國、香港等政局相當了解，能以流利而穩健的台灣口音華語闡述政局。松田曾任日本防衛省防衛研究所主任研究官，研究專長領域為亞洲政治外交史、東亞國際政治、中國與台灣政治國防、日本外交、安保政策等等。

　　許多台灣人對於松田的印象是，去年 9 月 6 日松田率領重量級的日本東京大學兩岸關係研究小組學者訪問團，訪問高雄市長韓國瑜，因被告知會議地點有誤，不但「被遲到」，而且還被韓國瑜「吃豆腐」表示「不介意遲到」。經由松田康博在臉書解釋來龍去脈、還原是非之後，其臉書留言區竟被韓粉惡意灌爆，要「日本人滾回去」。諷刺的是，此事在台灣輿論熱炒幾天，松田康博大名在台灣幾乎一夕爆紅。

　　對於台灣 2020 大選結果的訊息，松田康博日前在《自由亞洲電台》的專訪中直言，中國習近平政權對台政策完全失敗。松

田表示大選結果符合許多日本學者的預測，大概選前兩個多禮拜，學者同儕咸認蔡英文將會大勝，民進黨立委席次也會在國會過半。而蔡英文總統勝選的主因之一，是民進黨比國民黨更能掌握台灣社會脈動以及外界局勢變化。

國民黨的泡沫化

松田觀察台灣大選過程認為，國際和中國、台灣內部的變化都很快，民進黨很有活力，適應能力比較強，這大概是最主要的原因。「國民黨對應的能力還是比較差一點」。

關於國民黨泡沫化等議題，松田認為國民黨一定要改革，才能對台灣民主有所貢獻。國民黨在地方雖然仍有雄厚人才，有東山再起的條件。「問題是它是百年老店，黨內很多潛規則，論資排輩啦、黨產被凍結要不要拿回來？還是乾脆放棄從零開始，像以前黨外一樣沒有包袱、重新做起？」「由年輕人接棒也很重要。但現在問題是國民黨負債累累，這樣的爛攤子哪個年輕人願意接？」

松田對照 2008 年民進黨歷史，認為國民黨並不樂觀，很難東山再起。他表示，2008 年民進黨挫敗，四大天王出局，陳水扁被關，這樣的攤爛子請出蔡英文擔任主席。蔡英文 2004 年入黨、2008 年當黨主席，「這是天方夜譚，是奇怪的、很嶄新的作為。」然而「這是很有活力的作法，改變了形象。國民黨能不能做到？」

松田指出，2008 年蔡英文也非常辛苦。而這次選戰國民黨中央沒有資源，黨主席們被攻擊，一個個落馬，誰來領導國民黨都很困難。

至於台灣的新興小黨，松田對柯文哲的台灣民眾黨提出相當獨特的看法，認為民眾黨此次雖竄升為第三黨，卻是柯文哲的挫敗，選舉結果對柯文哲非常不利。主因是民進黨完全執政，可以不理會柯文哲，所以民眾黨很可能用力扮演反對黨，現實上又難以得罪主政的民進黨，而且柯文哲跟國民黨素來尷尬，加上政治手腕與個性容易得罪人，難以結盟影響大局。

中共對台嚴重失策

而對於中共《新華社》對台灣大選結果評論說「很大程度上受到外部暗黑力量的操控」，松田認為是暗指美國和澳洲。他認為這正顯示中共沒有自我反省的能力，表現典型的中共語言，事情對自己不利，就把責任推給外界，所以「將台灣的民主和選舉結果污名化，以推卸責任。」

松田強調，習近平對台政策失敗，習近平在民進黨主政時期硬推「促統」這種明知不可為而為之的作法，一定出問題。

松田認為，由中國近 30 年的對台政治邏輯可見，如果明知不可為還為之，肯定出問題。李登輝執政時代在台灣主權不會退讓，1995 年江澤民竟然硬推「江八點」，結果促成李登輝訪問美國，中國接著在 1996 年發射飛彈示威──原來江澤民是要談統一的條件，卻演變成軍事恫嚇事件，完全錯誤。

陳水扁執政時代，胡錦濤不想打仗，於是改變方向，專注「反獨」討好台灣人。馬英九執政時代傾中，中國又急著要「促統」了，不但交流頻繁，還促成領導人會面，其實合乎邏輯。

松田指出，如今民進黨執政，習近平卻還要加強「促統」，果然招致台灣強烈反彈。對照中共原則和政治邏輯，顯見習近平

對台政策失敗。

　　此外，松田認為目前中共的原則太硬，習近平政權認為反正中國有力量、有錢，完全不管台灣社會需求，恣意妄為，硬推「促統」，政治野心鋒芒畢露，也導致嚴重誤判。

　　相對而言，江胡時代是在鄧小平「和平統一、一國兩制」框架下，創造更細緻而長期的統一條件，大量進行協商與合作協議。如今習近平對台政策不僅已經失效，而且難以回頭取信。

　　在這段台灣大選專訪中，松田康博認為習近平、林鄭月娥、吳敦義都幫了蔡英文，三者把足球踢進自己隊方的球門，幫助蔡英文得分。松田也不忘送給台灣一個禮物，特別提醒台灣戰略地位強大，身價很高，鼓勵台灣善用優良的戰略位置，讓台灣價值極大化。

2020 年 1 月 15 日

44

台灣提醒了歐洲警惕「中國因素」

2020 台灣大選成爲國際關注焦點，近兩百家外國媒體來台採訪，包括大量歐洲媒體。蔡英文總統高票連任，以及台灣以民主機制抗衡中共滲透威脅之事蹟，也備受歐洲媒體重視。

歐洲媒體關注台灣大選

德國高度關切台灣大選，主要媒體皆派記者赴台採訪，對選舉結果多認爲顯示台灣反對中共獨裁政權，中共領導人則誤判台灣局勢。

德國《法蘭克福廣訊報》（Frankfurter Allgemeine Zeitung）報導，台灣總統大選是今年意義重大的國際事件，許多香港人和居住在西方國家的華人都特地飛到台灣共襄盛舉，親歷這場華人世界唯一的自由選舉。

該報指出，中共一向刻意曲解民主制度，總宣傳民主只是西方意識形態產物，對於社會穩定沒什麼好處，反而只會擾亂社會，而今，台灣選情正是清楚的反證。

根據《南德日報》（Sueddeutsche Zeitung）報導，中國國家主席習近平，從 2018 年底台灣九合一大選國民黨勝選的情勢誤判，對於台灣問題顯然過於自信、躁進，迅即在 2019 年年初發

表對台強硬談話，企圖趁勢打擊民進黨、孤立蔡英文總統，並且
公開表明「介選」、升高對台威脅。如今反觀，習近平當時開始
招致反效果，激起許多台灣人對中共政權的反感。

德國《日日新聞報》（Die Tageszeitung）在台北發現，台灣
的藍綠問題反映了世代問題：中老年世代著重台灣與中國在歷史
與文化的共通性，認為應該避免挑釁；青年世代則明顯認為台灣
已經是獨立國家，對中共持續文攻武嚇極為反感。

德國「第一電視台」(ARD) 晚間八點新聞，也大幅報導台灣
總統大選結果，強調台灣選擇民主自由，反對中共獨裁體制，蔡
英文總統歷史性的大勝如同羞辱了中共領導人。

法國《法新社》則指出，蔡英文總統 2016 年上任以來，中
共當局不斷加強對台灣施壓，從經濟、政治、外交、軍事等多種
管道打擊蔡英文政權，鼓動人民反對蔡英文。中共公開介入台灣
政局，希望蔡英文儘速下台，毫不掩飾其野心，卻讓台灣各界提
高警覺，效果適得其反。此外，2019 年香港大規模反共抗爭，
蔡總統陣營的支持度逐漸上升。《法新社》強調，台灣大選結果
代表選民嚴厲譴責北京孤立台灣之行徑，對中共當局造成沉重打
擊。

此外，《法國世界報》一篇共筆評論文章則指出，對中共當
局而言，蔡英文的大勝意味著台灣人民企求更正式的獨立地位。
本文對照了 2019 年 1 月 2 日習近平對於「一國兩制台灣方案」
的講話，與本次人選的結果，並且針對中共外交部抨擊美國、英
國和日本迅速恭賀蔡英文勝選有違「一中原則」，凸顯了中共當
局氣急敗壞的挫折感。

本文並且提到，中共公然介入台灣大選，大量發布假訊息，

並且藉由與中國利益掛鉤的台灣媒體集團支持國民黨候選人，中共主導的「中國因素」顯然影響大選，台灣的執政黨也不得不積極因應，包括推動「反滲透法」。

台灣成為對抗中共擴張之範例

英國《衛報》報導，蔡總統超過817萬之高票，為1996年台灣總統直選以來最高紀錄。執政黨民進黨在2018年九合一選舉挫敗之後，蔡英文如今得以大勝，主因台灣經濟好轉，對手國民黨連續失策，以及台灣許多青年見證香港抗爭之衝擊，以及中共支持港府施暴打壓民主自由。如今總統蔡英文以壓倒性多數票連任，顯示台灣選民悍然拒絕中共恫嚇哄騙以及經濟籠絡之伎倆，訊息相當清楚。

《衛報》表示，中共對台灣挑釁不斷升級，反而強化蔡總統以及民進黨「抗中保台」等論述，讓對手國民黨陷於尷尬的失語狀態。例如習近平在2019年初發表更急切的對台原則，加上大選之前中共軍機頻繁繞台，以及兩度在台灣海峽展示航空母艦，這些都是在幫蔡英文總統加分。

英國《路透社》也高調轉述美國國務卿蓬佩奧（Mike Pompeo）對蔡英文總統大勝連任之祝賀，以及稱讚蔡總統在殘酷的壓力下，仍然盡力尋求與中國的穩定關係。蓬佩奧表示在蔡總統執政下，台灣的民主制度、自由市場經濟和公民社會發展，讓台灣成為「印太地區的典範以及世上良善的力量」。

此外，有僑居奧地利的台灣人上網轉述當地知名媒體對台灣選情之高度關注，在臉書貼出歐洲主流報紙奧地利《WIENER ZEITUNG》超過半版的大幅報導，主題為台灣人藉由大選「明確

反對北京」，除了深入介紹台灣歷史地理、政治結構，以及與中國及中共當局的複雜關係，甚至回顧國共內戰以及台灣民主化歷程，並且論及香港反送中運動對台灣之衝擊，彷彿幫不少歐洲人上了一堂台灣課程。

在義大利，多家媒體對台灣大選結果解讀為「讓中國難堪」。例如隸屬官方的《安莎通訊社》（ANSA），以及《共和報》（La Repubblica）、《訊使報》（Il Messaggero）皆以「台灣大選打了中國耳光」為主題，報導台灣不向中國屈服的意志。

荷蘭多家媒體也認為台灣反中陣營大獲全勝，對北京當局是種差辱，並且預估蔡英文總統將會維持平衡穩定政策，除了捍衛台灣之原則，同時避免激怒中共。

荷蘭《民眾報》報導，中共持續以經濟敲詐、軍事演習、外交騷擾、內政滲透等手段試圖管控台灣，但是適得其反。蔡英文總統面對中共施壓反應明智，成功定位為台灣民主保護者。總而言之，北京應該責怪自己。

藉由短暫觀察與採訪 2020 台灣大選，大量歐洲主流媒體見證與轉播了台灣以民主選舉對抗中共威脅之實況，從而高舉反共輿論防線，再度提醒歐洲社會珍視民主自由價值，警惕中共專制極權之擴張。

2020 年 1 月 31 日

45

不演了，中共公然威脅澳洲

武漢肺炎席捲全球，國際社會紛紛主張對中共咎責。日前澳洲總理莫里森（Scott Morrison）致電美、德、法三國領導人，共商推動國際調查之計。中共當局對此甚為惱怒，除了譴責澳洲聽從美國辦事，並且公開威脅表示，中國消費者恐將抵制澳洲。

澳洲當局近期多次呼籲各國，支持對武漢肺炎起源、傳播途徑以及世界衛生組織（WHO）對疫情的處理展開獨立調查，莫里森 4 月 22 日致電多國領袖商討之後，中國駐澳洲大使成競業 4 月 26 日威脅，倘若澳洲仍質疑中國疫情的透明程度，堅持主張調查，中國可能停止進口澳洲紅酒和牛肉，澳洲也恐怕會被中國旅客、消費者和留學生所抵制。

中共：澳洲製造「懷疑和分裂」

成競業在接受澳媒《澳洲金融評論》（The Australian Financial Review）採訪時曖昧地表示，「或許中國老百姓會說，為什麼我們要喝澳洲的酒？吃澳洲牛肉？」「中國的旅客也會對到澳洲旅行三思。」「中國的學生家長也會想，澳洲是不是讓孩子出國留學的最好去處？」

成競業在訪問中強調，澳洲政府要求調查病毒起源「相當危

194

險」，會製造「懷疑和分裂」、破壞全球抗疫的努力。中國駐坎培拉大使館也發布聲明痛批某些澳洲國會議員是川普的代言人，「某些澳洲政客熱衷模仿美國，跟著對中國發動政治攻擊。」

成競業在訪問中否認中國武漢是新冠病毒發源地，然而他自己可能沒搞清楚，或是不願意搞清楚──中共當局在疫情爆發初期，曾經昭示國際，主動將病毒起源指向武漢華南海鮮市場，並且關閉市場。

此前，中國外交部發言人耿爽於 4 月 23 日聲稱中方在疫情始終秉持公開、透明、負責的態度，而針對澳洲所倡議的國際獨立調查，則是「從美國得到某種消息」，痛批「政治操弄」、「不得人心」，是在「干擾國際疫情防控合作」，並稱澳洲應該結束「意識形態偏見」。

澳洲政界力主國際介入調查疫情，多少和澳洲內政部長達頓（Peter Dutton）的遭遇有關。達頓於 3 月 13 日確診，隔離治療 26 天後康復，4 月中旬後曾經在《Sky News》以及《Nine Network》等新聞專訪主張，中國應該要接受國際社會調查，並且有責任解釋疫情到底如何發生，追究病毒來源只是要求中共當局保持透明，如果事情發生在澳洲，澳洲也應該這麼做，「我不認為這是過分的要求」。

達頓 4 月 26 日受訪重申堅持獨立調查病毒起源，中國在病毒問題上必須更透明，必須有全球性的研究調查，才能夠避免疫情重演。

澳洲：拒絕中共經濟威脅

對於中共威脅以經濟制裁施壓，澳洲總理莫里森以及多名內

閣部長堅持追查疫情的立場。莫里森早已表明，WHO 所有成員國都有義務參與調查，相信要求徹底而且誠實的調查，必能獲得全球廣泛支持。澳洲已經準備在 5 月 17 日世界衛生大會（WHA）推動調查。

澳洲外交部長佩恩（Marise Payne）認為澳洲積極推動調查是克盡職責，並且聲明澳洲已經發出「原則性呼籲」，對中共當局表示「我們拒絕任何針對此呼籲所進行的經濟威脅，我們需要的是全球合作。」

此前，佩恩 4 月 19 日曾在澳洲《ABC》電視台專訪表示，澳洲堅持調查的問題包括武漢肺炎如何開始？中國當局在疫情爆發初期的做法？透明程度？以及 WHO 和各國的互動？

澳洲外交事務發言人黃英賢（Penny Wong）也表示，如果中共確信自己沒有責任，就不該害怕獨立調查，既然中國大使想避免「懷疑和分裂」，就更應該坦然讓國際社會深入調查，以解除疑慮。

澳州衛生部長亨特（Greg Hunt）也表示，全球已有近 300 萬人確診，超過 20 萬人病亡，然而迄今病源不明，國際社會當然必須進行獨立調查。並且強調「發生如此重大的全球性災難事件，卻不對此進行調查，相當詭異。」「獨立調查不僅符合澳洲的利益，更符合全體人類的利益。」

對於澳洲主張獨立調查的反應，中共不但顯得倨傲粗暴，甚至不惜公然威脅，逼迫澳洲當局在金錢關前屈膝磕頭，主因自信滿手籌碼，在疫情爆發的非常時期就顧不得禮數了。

中國是澳洲的最大貿易夥伴，也是最大的學生來源，是鐵礦砂、煤炭、農產品的主要採購大國，還包辦超過三成的澳洲出口

總額，平均每年前往澳洲的旅客與留學生超過百萬。

　　中共將澳洲視爲夢想中大中國版圖的「大後院」，已是不怕公開的國策，滲透澳洲產官學研百工百業爲時已久，不僅控制經濟命脈，也高調投資吹捧過氣政客，培植龐大的親共政治團夥，得以在僅約 5% 華裔人口的澳洲玩弄槓桿影響政局。

　　中國對澳洲而言，猶如難以逃脫的黃金牢籠；天眞而開放的澳洲對中國而言，正如去年 5 月美國《紐約時報》所描述，恐怕已經淪爲中共操弄西方民主國家內政的實驗室。

2020 年 5 月 2 日

46

中國是掠食者，歐洲是獵物？
歐洲的「中國夢」何時能醒？

英國智庫「國際戰略研究所」（IISS）資深顧問海斯堡（Francois Heisbourg）近日警告，趁著肺炎疫情大流行，中國可能走上區域擴張甚至世界擴張之偏執路線，鄭重提醒歐洲警惕中共，強調「中國是掠食者，歐洲是它的獵物。」

現年 70 歲，兼任巴黎「法國研究基金會」（Fondation pour la Recherche Stratégique）特別顧問的法國籍資深顧問海斯堡，曾於 1987 至 1992 年擔任 IISS 主管，並於 2001 至 2018 年擔任 IISS 主席長達 18 年，是歐洲重量級戰略專家。

海斯堡在法國《費加洛報》（Le Figaro）5 月 29 日所刊的專訪中，引用自己著作《掠食者時代》（Le Temps des prédateurs），分析中國運用日益增強的商業、工業、金融、意識形態以及政治力量對外擴張，幾乎無所忌憚。

歐洲是中國的獵物？

海斯堡以兩個案例凸顯中國的威脅：其一，對歐洲而言，五年前歐洲人認為中國除了人權問題，猶如大型的日本，尤其對德國來說中國市場有如「天使」，直到三年前德國才警覺到中國已經悄悄併吞他們的中小企業。而中國華為公司為了向法國兜售

5G 設備，「在巴黎收買了所有的說客」。中共對歐洲威逼利誘，表明「若不用我們的 5G，就別驚訝我們不再買你們的汽車。」

其二，中國對新興國家提供寬鬆的貸款，在非洲、亞洲、巴爾幹地區特別嚴重，然而疫情爆發後，受到經濟衝擊的國家向 G20 請求減免債務，當歐洲心軟選擇免債，中共卻仍要求收回債務。海斯堡強調「這就是掠食！」並指出中國也對美國進行貿易掠奪，但是美國總統川普對此強勢反擊。

海斯堡也指出，中國基本上是封閉市場，卻計畫將歐洲納入其帝國，一帶一路積極聯繫歐洲，以及不對稱的數位環境即為證明。比方中國大使館可以在 Twitter 惡言辱罵法國，但是 Twitter 一如 Google 與 Facebook 卻在中國被禁，中國顯然利用他國的開放性以保護自身政經利益，即使是俄羅斯也不會像中國這麼做。

海斯堡強調目前中國情勢嚴峻，假設根據國際貨幣基金（IMF）估計，中國今年 GDP 成長最樂觀預測是 1%，然而中國要建立與維繫中產階級、消除結構性失業乃至於扶貧，都必須奠基於至少 6% 的成長率。中國自 1970 年代以來 GDP 成長率從未低於 6%，如今慘跌到 1%，勢必出現嚴重失業。況且中國倚賴出口，世界許多國家經濟萎縮，已經重擊中國出口，2021 年對中國而言將更為困難，恐將導致重大社會問題。

海斯堡認為，中共政治制度的合法性建立在兩大支柱——歷史與經濟。如果經濟這柱子垮了，問題嚴重。在欠缺民主自由機制的中國，人民沒有管道制衡與更換政府，大量反對運動將趨於激化。

中國是「系統性競爭對手」

隨者中國政經力量的崛起，歐洲對中國的態度在綏靖逢迎與戒慎恐懼中間游移，卻礙於市場利益甚至意識形態等因素，始終難以團結一致，遑論堅持強硬立場。

近期歐洲多國深受肺炎疫情摧殘，歐洲產官學研各界對中國因素的反思與檢討更爲殷切，然而也在此過程中，可見中共對歐洲多年來的滲透分化已經盤根錯節。

5月中旬，相當於歐盟外交部長的歐盟外交與安全政策高級代表波瑞爾（Josep Borrell），於歐洲多國大報發表文章呼籲，在針對「系統性競爭對手」中國的問題上，歐盟應該團結紀律，並且指出中共利用27個成員國相異的觀點分化歐盟，試圖促進「中國式多邊主義」。

波瑞爾文中強調，隨著肺炎疫情爆發，歐盟對中關係加速變化，歐盟與中國之間「相互信任、透明度與對等原則」是必要的，必須「在中國的戰略目標與歐盟的利益之間進行現實評估」，而要融合分歧、發展歐盟的一致方針並不容易，「在對中關係上亦然，重要的是，中國從不羞於利用這些分歧。」

曾任西班牙外交大臣的波瑞爾也提醒歐盟，應於疫情危機記取對中關係的教訓，「例如在戰略領域，我們應該避免對外過度依賴，藉由建立關鍵材料庫存，縮短與增加供應鏈，以進行改善。」

波瑞爾雖然客氣地稱呼中國是「與歐盟有著緊密一致目標的夥伴」，但也闡明「中國式多邊主義」與歐洲的多邊主義價值存在巨大歧異，例如「關於人權，或者聯合國海洋法公約以及南海

衝突的普世性相違」；在網路領域，「中國的舉國體制，與歐盟基於基本公民權利和自由的多方參與方式不同」；在世貿組織問題，「中國雖稱高度支持維護世貿組織現有架構，包括仲裁糾紛的架構，但是實踐之事實證明，中方態度消極。」

波瑞爾近日向《南德日報》揭示，中國當局拒絕遵守國際法有例可循，比方南海主權問題，而中國人大日前決定「港版國安法」立法，也再度讓世人懷疑中國拒絕遵守國際義務。

儘管說了這麼多，相對於美國，波瑞爾以及歐盟當局對於中國因素強勢催逼並無具體反制作為，僅是很沒有自信地呼籲歐洲「面對中國要更有自信」、「捍衛歐洲利益和價值，並與中國保持對話」，與即將接任歐盟輪值主席的德國總理梅克爾強調「歐洲可以主導對中關係」之主張遙相呼應。

作為中國掠食者的「獵物」，歐洲各界也許還停留在覬覦中國市場大餅，卻很少意識到歐洲本身就是中共垂涎已久，並且早已開始分而食之的好肉。歐洲的「中國夢」何時能醒？恐怕仍在未定之天。

2020 年 6 月 5 日

47

多國政界組「對華政策跨國議會聯盟」抗中，台灣宜爭取合作

　　為聯手制衡中共在國際社會日益專橫、威脅民主自由，來自 8 個民主國家以及歐盟的近 20 位國會議員及政界人士，於 6 月 4 日成立「對華政策跨國議會聯盟」（Inter-Parliamentary Alliance on China, IPAC），成立之後短短一週，已有 13 個國家的百餘位人士參與，並且持續增加。

　　中共近年積極擴張銳實力，強化戰狼式外交，持續在南海擴張主權、在台海滋擾生事，加上近半年對全球化疫情隱匿與消極作為，與近期兩會強行通過「港版國安法」，猛然敲醒曾經對中國市場心存幻想的各界人士。

民主國家政界會師抗中

　　IPAC 由英國保守黨前黨魁史密斯（Iain Duncan Smith）發起，創始會員來自英國、美國、加拿大、澳洲、德國、日本、挪威、瑞典以及歐洲議會，其中不乏反共知名人士，包括美國共和黨參議員暨「國會及行政當局中國委員會」（CECC）主席魯比歐（Marco Rubio）、美國民主黨參議員梅南德茲（Robert Menendez）、澳洲自由黨眾議員暨國會情報和安全聯合委員會主席海斯迪（Andrew Hastie）、澳洲參議院外交事務國防及貿易委

員會主席季欽（Kimberley Kitching）、日本前防衛大臣中谷元，以及德國中間右翼執政聯盟綠黨前黨魁、歐洲議會對華關係小組主席布提柯佛（Reinhard Bütikofer）。

IPAC 強調，中共統治下的中國，對全球的挑戰將會定義整個世紀，影響所有人以及跨越世代的政府，不分黨派，無一倖免。而 IPAC 的主要目的是對中國威脅之議題研擬集體戰略、深化合作機制，並且明列「守護以國際規則為基礎的秩序、捍衛人權、促進公平貿易、加強安全以及保障國家誠信」等五大目標，呼籲世界各國合作。

發起人史密斯特別提醒國際商界人士，應該重視中國因素以及 IPAC 所關切的主題，特別點名抨擊在六四週年前夕表態支持港版國安法的匯豐銀行（HSBC）。

英國保守黨人權委員會委員斐倫德（Luke de Pulford）負責 IPAC 協調任務，呼籲北京必須關閉勞改營，停止削弱香港自治，並且遵循法制。表示「世界雖對中國有所期望，也需要中國，但不會再忽視中共激進的威權主義。」

IPAC 創始會員們在配上英、中、日文字幕的影片中強調，世上沒有任何一個國家可以肆意踐踏人權與普世價值，表明「我們對於中國崛起的美好想像，如今都已幻滅。我們曾經以為中國會逐漸變得開明，卻沒有實現。今天的中國，對內專制獨裁，對外更是野心勃勃。」

影片中指出，民主制度與國際秩序面臨空前威脅，部分國家為捍衛人權及價值付諸行動，卻付出沉痛代價，疾呼「這種重擔，不應由任何國家獨自承擔。」近期澳洲當局主張追究肺炎病源，中共當局示警之後，迅即發動貿易、留學、旅遊警告與制

裁，即爲顯例。

原訂去年底前往中國考察，但被中共「禁足」並且要求「反省和糾正」的澳洲衆議員海斯迪，向《澳洲人報》表示，IPAC的願景是由民主國家志同道合的立法者共同組成強大網路，保護共同價值觀以及利益。

6 月中旬，包括義大利、荷蘭、立陶宛、捷克等國的跨黨派政界人士陸續參與 IPAC，6 月底之前則至少還會有三個國家加入。此外，美國參議員昆斯（Chris Coons）以及多名衆議員，比利時前首相伏思達（Guy Verhofstadt）以及英國前工黨內閣大臣阿多尼斯勛爵（Lord Adonis）也共襄盛舉。

台灣政界應爭取合作契機

IPAC 創始成員當中，美國友台參議員魯比歐以及梅南德茲雖分屬不同黨派，但也一致抨擊中共侵犯人權，並於近年積極連袂推動《維吾爾人權政策法案》、《西藏旅行對等法》以及《香港人權和民主法案》。針對發起 IPAC，魯比歐強調，如今中共對世界的挑戰「比任何國家、政府或政黨都大得多！」「我們因應中國和中共重塑全球秩序的努力，是當代最具決定性的外交政策議題。」

此外，德國總理梅克爾所領導的執政黨基民盟人權發言人布蘭德（Michael Brand）也參與 IPAC，布蘭德雖與被批評過度討好中共的梅克爾在國內政壇合作密切，卻多次在德國公開反對梅克爾政府對中共「磕頭」的行爲。

對於 IPAC 的成立，當時中國外交部發言人耿爽迅即警告「少數政客」尊重國際關係基本準則，應該「摒棄冷戰思維和意

識形態偏見」、「停止爲一己之私搞政治操弄」。耿爽並期望他們「能夠多爲國際社會團結合作發揮建設性作用」。

香港的沉淪、澳洲產官學界遭遇中共紅色滲透「無聲的入侵」、歐盟 27 國對中政策與反共態度的分崩離析，都是現在進行式，也都是中共暴政擴張全球的冰山一角。

爲應付中共所擅長的分化統戰，以及鋒芒畢現的銳實力擴張，全球民主國家急需建立與鞏固團結陣線。IPAC 正是符合台灣主流價值的新型國際組織，台灣國會議員以及政界人士，特別應該關注 IPAC 的成立以及發展，並且尋求與此等「國際反共聯盟」之合作機會，爲捍衛民主自由、人權價值以及台灣國家安全，積極付諸行動。

2020 年 6 月 16 日

48

「嚴重關切」已無用？國際集結抗議
港版國安法，仍難解香港困境

　　針對中共人大會議於 5 月 28 日強行通過「港版國安法」立
法決定，對香港以及國際社會造成負面衝擊，七大工業國集團
（G7）成員國外交部長，以及歐盟外交高級代表於 6 月 17 日發表
聯合聲明，呼籲中共撤回港版國安法。

　　約當同時，《路透社》報導，包括國際特赦組織、人權觀察、
自由之家、國際律師協會人權研究所，以及無國界記者組織等 86
個國際與香港本地組織，也對中國全國人大委員長栗戰書發表公
開信，敦促中共停止港版國安法立法程序。

G7 歐盟與 86 個國際組織群起反對

　　G7 成員國（美國、英國、加拿大、法國、德國、義大利、
日本）與歐盟的聯合聲明提到，「嚴重關切」中共決心制定的港
版國安法，認為該法違反香港基本法，以及《中英聯合聲明》對
國際與歷史的承諾，更將危害「一國兩制」之香港高度自治原則。

　　該聲明強調，港版國安法將會「削弱並威脅香港人民受到法
治和獨立司法制度保護的的基本權利和自由」、「可能會嚴重損
害一國兩制原則，以及該領土（香港）的高度自治，危及促進香
港蓬勃發展並且成功多年的體制」，並且呼籲「我們強烈敦促中

國政府重新考慮此決定」。

大約在共同聲明之際，英國傾向左派的《衛報》報導，英國外交部暗示，倘若北京持續推動港版國安法，英國可能會引用新的人權法案制裁中國官員。

此外，86 個國際與香港組織對栗戰書的公開信指出，中國全國人大決議所提到港版國安法指涉的罪行，包括「分裂、顛覆、恐怖主義、外部勢力干預」，其定義模糊不清，對政府的任何批評都可以被當局擴大解釋，足以打壓人民和平行使之權利。

再者，藉由港版國安法，在中國長期嚴重侵犯人權的「國安機構」，也將在香港設立。公開信強調，港版國安法條文雖然尚未公布，然而中國法律中「國家安全」定義極為模糊且廣泛，中國政府漠視人權的眾多案例顯示，許多和平運動者、維權律師、學者專家、少數民族人士、新聞工作者，甚至網民，都因為涉嫌顛覆、煽動、分裂國家或者洩露國家機密等「罪行」被檢控、監禁，甚至被判重刑、亡命獄中。

「關切」、「敦促」終難解香港困境

1997 年 7 月 1 日，英國將香港主權移交北京之際，中共承諾香港人維持司法獨立、高度自治，保障集會遊行等基本權利，「港人治港」、「馬照跑舞照跳」、「50 年不變」，是謂「一國兩制」。

然而在不到 23 年後的 5 月 28 日，中共人大會議繞過香港民意，以突襲之勢逕行通過港版國安法，中共國安機構自此準備進駐香港，甚至香港特首每年都得向北京中央提交香港的「國安報告」。此後香港不只是「港共治港」、「黑警治港」，更將被捲入

中共「國安治港」之漩渦。國際輿論對此紛紛抨擊，中共不只逐步侵犯香港一國兩制，甚至直接宣告一國兩制死亡。

對此，美國總統川普宣布，中共強推港版國安法已經違背《中英聯合聲明》，香港「一國兩制」已經變成「一國一制」，美國對香港的特惠待遇將會逐步取消。英國首相強生也多次敦促北京必須履行「一國兩制」之國際協議。

但是所謂敦促、撤回等等道德訴求，或者揚言懲罰中共、接納香港移民，對於熱鍋上的香港而言緩不濟急，對於存續交關的中共政權猶如對牛彈琴。這些一再跳針的文明訴求，效果有限，對於末稍神經失靈，決意不計代價強度關山的中共而言，不痛不癢。

這些年香港已如俎上魚肉，任由中共宰割至今，近期中共更是加速蠻幹，根本不在乎國際各界關切與警告，公然撕毀《香港基本法》以及《中英聯合聲明》，甚至擺明不惜「攬炒」東方之珠、留島不留人之強硬姿態。

如今不管是 G7、歐盟，或者數十個國際組織集結反對港版國安法，對中共多僅止於聲明、敦促、呼籲、嚴重關切、可能制裁，恐怕不只香港人聽急了，或許連中共都聽膩了。

金碧輝煌數十年的香港，在中共勢力鋪天蓋地加速攬炒之下，強凌弱、眾暴寡，良知扭曲、法治崩壞，已經瀕臨頹傾。先進國家對中利益不均，施壓力不從心，國際與香港本地組織欠缺籌碼與戰鬥實力，如今縱使國際社會集結抗議港版國安法，終究難解香港之困境。

2020 年 6 月 19 日

49

捷克議長將訪台：不畏中共施壓，
奠基在民主自由的台捷合作

　　捷克參議院議長維特齊（Miloš Vystrčil）於 6 月 9 日宣布將在 8 月底率團訪問台灣。此決定雖面臨中共當局施壓，維特齊仍強調，訪台主因除了促進雙邊合作，還要反制中共干涉捷克事務，以及堅守捷克為民主自由奮鬥的革命傳統。

　　早在 5 月 20 日，捷克參議院即以 50 比 1 的壓倒性票數，通過外交國防與安全委員會主席費雪（Pavel Fischer）的提案，支持維特齊率團訪台。維特齊在 6 月 9 日指出，訪台代表團將包括政界、商界、學界人士以及科學專家，因為台灣是捷克在亞洲第三大投資夥伴，捷克樂於與「真正的夥伴」強化經濟、文化、學術合作。

　　根據《捷克新聞社》（ČTK）報導，維特齊表示中共再三阻撓前議長柯加洛（Jaroslav Kubera）和他訪台，反而強化他的訪台動機。維特齊並以 1989 年捷克斯洛伐克「絲絨革命」舉例，呼籲捷克應該重視自由、民主、法治等價值。

　　捷克參議院前議長柯加洛原本預計在今年 2 月訪台，卻不幸於 1 月底猝逝。他在過世前不久曾收到中國駐捷克大使館信函，威脅他如果訪台，捷克重要企業如汽車製造商 Škoda、消費金融業的捷信集團（Home Credit）以及佩卓夫鋼琴（Petrof）將付出

沉重代價。柯加洛的遺孀柯薇拉（Věra Kuberová）認為，中共的粗暴施壓是此樁悲劇的要因，她這次也將陪同維特齊訪台。

維特齊：「台灣是事實獨立的自由國家」

維特齊強調，捷克應該看重自己的價值，不能夠「只數算金錢」，他從「絲絨革命」得到的啓示是，「當金錢和價值互相衝突，我傾向堅持價值，不去數算金錢，否則遲早有天我們會發現自己一無所有」。

近日，維特齊在捷克第二大媒體《DNES》專訪補充表示，受到前議長柯加洛的影響，原已自覺有責任完成他訪台心願，隨後更由於中共持續施壓等因素，確信自己必須訪台。他也提及目前報名訪台代表團人數已超過專機預定名額，顯見捷克各界與台灣合作之強烈意願，並且強調「台灣是事實獨立的自由國家」。

維特齊的態度與訪台計畫雖然受到國會高度支持，但是過程並非一帆風順。中國大使館不僅抗議他感謝台灣捐贈口罩，還曾經警告他不要祝賀台灣總統就職；親中共的捷克總統澤曼（Miloš Zeman）與總理巴比斯（Andrej Babiš）也對中國大使的不當行為置若罔聞；捷克外交部長派提賽克（Tomáš Petříček）3月初接受捷克電視台訪問時也表示，捷克政治人物應該遵守「一個中國」政策，捷克不承認台灣是獨立國家，在政治上與台灣沒有共同利益，反對維特齊率團訪台。

根據捷克憲法，參議院議長的位階僅次於總統，高於總理，維特齊將成為史上訪台最高層級的捷克官員，象徵台捷兩國政經實質關係加速提升。

此外，曾經競選總統高票落敗的參議員德拉霍斯（Jiří

Drahoš）日前也宣布將於 10 月底訪台。據悉，曾經擔任捷克科
學院院長的德拉霍斯，目前是捷克參議院教科文與人權委員會主
席，也是捷克化工學會理事長。根據台灣外交部表示，身爲捷克
重量級學者的德拉霍斯是應學術界邀請訪台，促進網路安全以及
防疫之交流。德拉霍斯此行也代表將連續有兩位捷克政壇重要領
袖無視中共的壓力，以行動證明對台灣的支持。

台捷兩國簽署多項協定

　　事實上，近 20 年來捷克與台灣經貿往來相當頻繁。台灣經
濟部統計，捷克是台灣在歐洲第四大投資國，規模僅次於德國、
荷蘭、英國，2019 年台捷雙邊貿易總額約達 8.2 億美元。捷克投
資推廣局（CzechInvest）統計，台商赴捷克總投資金額約 4.78 億
美元，爲捷克創造約 9,000 個工作機會。

　　根據經濟部投資業務處，台商在捷克投資多爲資通訊產業，
包括鴻海、宏碁、華碩、和碩、大同、英業達、緯創資通、友達
光電、微星科技、合勤科技、奇偶科技、正文科技、群光電子、
達方電子等等。

　　經濟部曾經指出，捷克貿工部與台灣經濟部技術處在 2013
年簽署「台捷雙邊創新研發合作備忘錄」，定期推動產研合作；
經濟部國際合作處也指出，台灣與捷克從 2016 年起舉辦「台捷
次長級經貿對話會議」，加強經貿合作，新任行政院副院長沈榮
津以及經濟部長王美花，多年來著力於台捷合作業務，迄今已簽
署多項雙邊協定。例如 2017 年簽署的「台捷避免雙重課稅協定」
將於 2021 年 1 月 1 日上路，可創造租稅公平與鼓勵投資的友好
環境，促進台捷雙邊投資。

經濟部以及資策會報告則顯示，捷克不僅是歐洲企業產業鏈撤出中國後之重要據點，也是台商中階產業鏈撤出中國轉進歐洲市場的要地。經濟部國際貿易局分析，捷克工業基礎發達，具備產業群聚效益，且處於歐洲地理中心，許多歐洲大廠都到捷克設廠，再加上捷克為歐盟成員國，企業在捷克生產可降低產品進入歐盟市場之門檻，無論生產、組裝或行銷，皆具備明確優勢。

　　捷克合作模式縱然奠基於與台灣相近的政經理念，包括政治民主化以及經濟自由化，或可成為台灣實質外交之範例。然而中國多年來對捷克政經高層的紅色滲透，以及對大型企業的市場誘因並未稍歇，台灣與捷克合作的過程，仍然不容掉以輕心。

　　　　　　　　　　　　　　　　　　　　2020 年 6 月 24 日

50

天安門事件是新冷戰關鍵？
中共「反西方」意識形態的長期鬥爭

　　為探討美中競爭局勢，美國國會所屬「美中經濟與安全審查委員會」（USCC）於 6 月底召開聽證會，會中《華盛頓郵報》前北京分社社長潘文（John Pomfret）提醒世人，中共一直視美國為對手（adversary），而早在 1989 年天安門事件之後，中共就已經對美國展開新冷戰。

　　曾經多次訪問台灣的潘文強調，如今中共一再抨擊川普政府的所謂「新冷戰」，事實上來自中共當局長期作為，而非美國，而天安門事件與殘酷鎮壓就是新冷戰格局的關鍵轉捩點。

潘文：天安門事件是新冷戰轉捩點

　　潘文是中共文革後首批留學中國的美國交換學生，21 歲時曾赴南京大學歷史系學習兩年，後回到史丹佛大學完成大學及碩士學位，數年後親歷六四天安門事件，當時潘文是《美聯社》駐北京特派記者，悲劇發生後數日，被中共指控報導不實並驅逐出境。

　　爾後潘文在中東與巴爾幹半島擔任戰地記者與主管多年，於 1998 至 2003 年重返中國擔任《華盛頓郵報》北京分社社長，如今專事研究論述，除了專欄，近年著有《美麗國度與中央王國：

從 1776 年到現在的美國與中國》（The Beautiful Country and the Middle Kingdom: America and China, 1776 to the Present）。

在 USCC 這場主題為「中國如何看待與美國的戰略競爭」之聽證會，潘文指出，中共刻意混淆「普世價值」，對代表西方民主自由的美國意識形態宣戰。潘文以書面證詞強調，中共近年「在國內外發起反西方意識形態戰爭，正持續擴大規模。」「中國政府認為，與美國的戰略競爭，源於兩種意識形態之間的鬥爭──中共版的列寧主義與西方自由思想。」

潘文表示，「中國學者總指控，以美國為首的西方國家看待中國的態度是冷戰思維。然而早在美國近年警覺北京的挑戰之前，是中國政府自己對美國發動了新冷戰。有人會說 2012 年是轉折點，也有人認為 2008 年的全球金融危機觸發了中國的野心，但我認為 1989 年天安門大屠殺與鎮壓，才是關鍵點。」

潘文指出天安門事件當年趙紫陽陣營失勢，凸顯中共內部反西方勢力擊垮開明改革派；2012 年習近平上台之後，更是敵視「西方價值觀」，例如 2013 年 4 月中共中央辦公廳發布所謂「9 號文件」公報，要求「對美國思想高度警惕」，要求中國學術界「七不講」──包括不能鼓勵公民社會成長、對黨錯誤之批評、對普世價值的提倡、新聞自由以及經濟私有化等等。

潘文認為該文件顯示，中共將意識形態不同者視為敵人，對於中共意識形態的緊迫情勢描述為「面臨一場複雜、激烈的鬥爭」。並且指出，中共視傳統與社群媒體為與美國意識形態戰爭之關鍵，「如同過去，中共再次對美國思想宣戰。」多年來中共已經投注數十億美元，在全球創建為中國宣傳的大規模媒體組織，包括許多中國國營媒體。而且中共刻意持續向美國增派記

者，卻同時在中國限制美國等西方媒體記者。總之，中共在國內外的意識形態鬥爭，核心思想一直沒有改變。

至於如何應付中共的意識形態戰爭與持續擴張？潘文在聽證會表示：「團結志同道合的夥伴，包括歐洲和亞洲盟友。這是我所看到的唯一途徑。」

中共已經沒有溫和派

此前，去年 7 月有百餘學者與外交人士在《華盛頓郵報》發表公開信，呼籲川普當局改變對中強硬政策，主張沒必要把中共當敵人看待，此信很快受到中共當局讚揚。潘文隨後撰文批評這百餘人士錯把中共當小孩，誤以為中共會聽取西方的教育，還存有想和西方合作的所謂「溫和派」。潘文強調，他所認識的中共沒有這種溫和派，就算以前有，在習近平上台多年後也早已改變。

在這場聽證會中，加州大學聖地牙哥分校全球政策戰略學院的中國專家諾頓（Barry Naughton）教授，呼應潘文的看法。諾頓表示，中共建制至今一直把美國當作最大的對手，毛澤東在 1958 年疾呼「超英趕美」是很好的證明，而且至今「中國領導人當然認為自己正在與美國進行經濟、技術和戰略的競爭。自 1949 年中華人民共和國成立以來，趕超發達國家的動力，在中共的決策中幾乎不變」。

USCC 成員、亞太政策智庫「國家亞洲研究辦公室」（National Bureau of Asian Research, NBR）總裁坎普豪森（Roy Kamphausen）也在聽證會表示，中國當年與美國建交，只是為了短期功利而改變戰術，擊敗美國的長期目標並未改變。

坎普豪森認爲：「美中兩國是競爭關係的觀點，對北京領導人來說，並非新鮮事。早在美國承認競爭關係之前，中國就一直致力於此戰略任務。北京認爲美蘇冷戰時期的中美關係正常化只是短期的、戰術的轉變，據以應付蘇聯對中國的威脅。」

坎普豪森表示，1973 年美中兩國醞釀和解時，周恩來公開引述列寧《妥協論》，主張如果碰到強盜，應該乖乖交出手槍和汽車，以減輕傷害，等到來日有機會消滅強盜，再取回手槍和汽車。

坎普豪森指出，這番話體現了中共的功利與目標，而在美中建交之初，毛澤東也多次引用《妥協論》強調與美國建交的功能性，顯示中國當時願與美國建交，主因中共自知太弱小，等到強大了，最終目標還是要擊敗美國。

潘文等人士在 USCC 聽證會的警示，可以印證中共對美國等西方國家的敵對策略，建政至今數十年來一脈相承，對美國的仇視與冷戰關係，甚至統戰滲透行動，從來沒有停止過，只是偶而改變戰術，引誘對手跳探戈，美國等西方民主國家，甚至世界各國，可別跟著跳昏了頭。

2020 年 7 月 6 日

51

中共深入各國「黑手」現形了

　　去年在台灣出版《無聲的入侵》，揭露中共在澳洲進行紅色滲透細節的澳洲知名學者漢彌爾頓（Clive Hamilton），近期與友人合作出版新書，警惕世人關注中共利用其意識形態與專制模式「重整世界」。

　　澳洲查爾斯史都華大學（Charles Sturt University）哲學教授漢彌爾頓和德國馬歇爾基金會（German Marshall Fund of the United States，GMF）亞洲專案高級研究員馬曉月（Mareike Ohlberg）合著的新書，名為《黑手》（Hidden Hand: Exposing How The Chinese Communist Party Is Reshaping The World），以實例闡述中共如何積極影響世界局勢。

中共以「黑手」重整世界

　　漢彌爾頓曾經在牛津大學、巴黎政治學院、耶魯大學擔任訪問學者，於 1994 年創辦智庫「澳大利亞研究所」（The Australian Institute），並且擔任 14 年執行董事，近年對於中共紅色滲透的關注與呼籲，更引起國際重視。

　　馬曉月則曾於德國智庫墨卡托中國研究中心（MERICS）合撰《威權主義的進步：回應中國在歐洲日益增長的政治影響

力》，此重量級研究報告被評為具有里程碑之影響力。

針對此新書內容，漢彌爾頓與馬曉月於六月中旬與下旬在澳洲與加拿大舉辦網路研討會，警告中共「無聲的入侵」，早已有計畫地擴張全世界。

漢彌爾頓以「一帶一路」舉例，表示中國政府近年全力推動一帶一路，不僅是為了拓展貿易與投資機會，或為中國民生經濟找出路，更重要的是藉此在全球設定與掌控「話語權」，這是一套「利用民主政治摧毀民主政治」的戰略，許多參與國以及政客在中共威逼利誘之下，有意無意地接受並且援引「中共式語言和概念」，在許多國際議題附和中共說法，以利於中共在全球擴張影響力。

漢彌爾頓指出，中共洽談一帶一路投資計畫同時，會向參與國積極推動媒體與文化合作，提議締結友好城市以及促進民間交流，企圖攏絡政商官僚與民間，為中國說好故事。

例如，澳洲維多利亞州在與中國簽訂一帶一路合作備忘錄之後，從州長安德魯斯（Daniel Andres）到地方官員，對外宣傳皆複製中共詞彙，表示雙方將「推進和平合作、開放包容、互利共贏」，甚至談到要豐富「新時代下的絲路精神」，呼應「習近平新時代中國特色社會主義」──究竟歷史上澳洲跟絲路能扯上什麼關係，並不重要。

澳洲維多利亞州官僚的表現彷彿中共豢養的鸚鵡，而義大利以及部分東歐國家也在簽署一帶一路計畫後，以中共賦予的詞彙與概念進行宣傳，這些例子在聯合國與世界衛生組織（WHO）等國際組織也相當常見。

在加拿大於 6 月 25 日由知名智庫 MLI（Macdonald-Laurier

Institute）所主辦的網路研討會上，漢彌爾頓指出，中共正在有組織、有計畫地改變世界秩序、威脅世界，尤其精英階層對於中共所統治的中國廣泛地無知與天真，這是危險的錯誤。

漢彌爾頓強調，中共正對西方進行政治戰爭，這也是中共理論家與領導人談論中國與西方關係時的普遍看法。以武漢肺炎爆發至今為例，中共處心積慮嚴控言論，投入鉅資，動員輿論搶佔話語權，虛構有利於中共的敘事版本，以壓制一度風起雲湧的國際咎責輿論。

利用一帶一路搶佔國際話語權

此外，《黑手》共同作者馬曉月認為，中共為了穩定政權，企圖改變全世界的思維、輿論和聯盟結構，首先在國內建立資訊防火牆，防堵外來觀點，但是排外還不夠，中共認為長遠觀之，若能改變全世界的思維、輿論與聯盟方式，讓更多國家認同中共說法，認同中共制度最適合中國發展，甚至適合其他國家，就不必再忙著防堵外來觀點，如此才更能穩住中共政權。

馬曉月表示中共決志要改變國際既定秩序，在國際組織方面，世上許多組織原以美國為中心，中共則長期逐步滲透與調整組織結構，結合與美國不和之國家在重要議題上作對，而一帶一路計畫可以加強綁定參與國對中共的依賴度，在中共面臨國際衝突時，參與國為免損及利益，會適時表態中立，必要時就靠向中共。在武漢肺炎咎責、維吾爾人權危機以及港版國安法議題上，都可明顯看到例證。

馬曉月強調，中共希望最好在不開槍的情況下，配合中國市場誘因，依循其標準改造世界，這並非從外部發動挑戰，而是持

續從內部改變——贏取支持、嚴禁批評、瓦解反對組織。重要策略之一是針對西方精英，包括大學、智庫與媒體之專業人士，如果這些精英歡迎中共模式，或者接受中共影響力趨勢，就不至於抵抗。此外，動員僑民、運用財富與政經影響力、消滅反共僑民與組織，也是中共在許多國家的常用手法。

《黑手》書中也特別強調中共對西方金融中心的滲透與影響，例如透過總部位於倫敦金融中心的英國「48 集團俱樂部」（The 48 Group Club）腐蝕政商高層，影響英國政經決策傾向中共，據悉該組織約有 500 名英國政商名流會員，雖被稱為「頂級俱樂部」，但行事低調，在《黑手》出版之後，48 集團俱樂部關閉官網，揚言提告。此外，美國華爾街與英國「倫敦金融城」（City of London）為了在中國金融市場分杯羹，浮濫雇用中共太子黨，利益關係盤根錯節，足以影響國政，長期備受抨擊。

近期「港版國安法」震驚自由世界，漢彌爾頓對此認為，中共喜歡來暗的，大家把燈打開，會讓中共更難以進行祕密脅迫活動。這需要公民一起開燈，一同認清中共模式，強調「無論在哪裡，在工作，在學校，在社交場合，都要了解中共運作方式，無論在哪裡都要揭露和反擊中共。」特別要支持在民主國家生活卻被中共脅迫的華人，保護他們權利，鼓勵他們加入為民主辯護的陣營。

2020 年 7 月 9 日

52

高利貸帝國：一帶一路野心現形，窮國深陷北京債務陷阱

　　近年積極參與中國一帶一路計畫的寮國，9 月初因爲無法如期還款，被迫將大部分國家電網控制權交給總部位於廣州的中國南方電網公司，被疑爲誤陷中共「債務陷阱」之最新受害國家，震驚國際。

　　根據《亞洲時報》（The Asia Times）報導，寮國向中國舉債投資多項湄公河水電工程，以及貫通中國雲南省與中南半島，耗資高達 60 億美元的高鐵計畫。

寮國失去國家電網控制權

　　據悉，寮國人口只有七百多萬，高鐵沿線多爲人跡罕至的村落，在寮國的開發效益備受爭議，被輿論批評爲獨厚中國的「白象工程」，但是寮國人民對政府親共決策沒有能力制衡。此項高鐵工程費用約六成是寮國向中國進出口銀行貸款支付，其餘四成則由某家中寮兩國合資公司支付，然而該公司有七成股份是中資，寮國資金僅佔三成。

　　8 月初《日經新聞》曾經報導，截至 2018 年底，短短四年來中國當局對 68 個開發中國家放貸倍增，規模相當於世界銀行貸款給這些國家的總額。中共藉此擴大國際影響力，也讓貸款國家

深受中共政策以及合約所控制，難以自拔。

　　根據世界銀行所掌握數據顯示，上述 68 個國家中，有 26 國對中國債務超過其 GDP 的 5%，有 14 國對中國債務超過 GDP 10%。人口數僅約 92 萬，位居非洲東北部亞丁灣西岸戰略要地的吉布地共和國（Republic of Djibouti），對中國債務則高達該國 GDP 的 39%。

　　值得注意的是，中國提供的貸款利率平均高達 3.5%，遠高於世界銀行（World Bank）的 1%，以及國際貨幣基金組織（IMF）的 0.6%，顯然是放高利貸。

　　這些開發中國家之政要為什麼甘冒風險、付出數倍的利率成本，選擇昂貴的中國貸款？主要原因之一是因為中國貸款較為鬆散，比較不會強制要求貸款國家之財政紀律以及條件。然而檯面下的現實是，如果無法如期連本帶利還錢給中國，這些貸款國家常要付出國土、港口或天然資源等昂貴代價。

　　許多國際金融資本操作經驗豐富的西方國家政要與專家警告，中國以鬆散的條件放高利貸，等於是利誘「窮國」政要讓國家深陷「債務陷阱」，這些高利貸大多與一帶一路基礎建設有關，恐將損及國本、傷害公義，相當值得擔憂。

　　最常被舉證的惡例，便是斯里蘭卡為償還建港債務，2017 年將具有軍事與商業價值的深水港漢班托塔（Hambantota）租借給中國 99 年，經調查建港過程恐有大量資金流向斯里蘭卡前總統口袋。另有許多國家多方借貸，表面上是減少受制於北京，卻也讓國際貨幣基金組織（IMF）與世界銀行警告，這些國家很可能以債養債，將低利率的 IMF 與世界銀行融資先拿來償補中國債務黑洞。

此外，今年初美國華盛頓特區智庫「全球發展中心」（Center for Global Development）發表研究報告，顯示中國為發展中國家所提供的貸款與世界銀行貸款相比較，還款期與寬限期較短，利息卻高得多。隨著新冠疫情爆發，中國的高利貸正使貸款國家的債務風險劇增。

全球最大高利貸帝國

中共利用一帶一路輸出巨債，恐成為全球最大高利貸帝國，此現象近年逐漸引起專家與輿論注意。例如去年 7 月《彭博社》專欄作家夏瑪（Mihir Sharma）發表文章指出：中國不僅是全球最大的商品出口國，也成為最大的發債帝國；「一帶一路」表面上似乎要協助歐亞非發展中國家發展經濟，但是暗藏輸出巨債的野心。

夏瑪警告，「一帶一路」不像一般基礎建設融資專案，其貸款額度和貸款條件都相當不透明，對窮國可能是債務噩夢。文章並指出許多分析師以及美國高級官員擔心，中國初期協助發展中國家修建基礎設施，但是修建設施的貸款利息特別高，貸款國家往往陷入資不抵債的困境──這是中共別具野心的戰略設計。

早在 2017 年，時任北京大學商學院副教授包定（Christopher Balding）已經警告一帶一路的高利貸現象，強調一帶一路計畫與一般低利或者無息的「國際開發援助計畫」截然不同，中共當局所設定的融資利息甚至高於市場行情。目前任教於越南，專長為美中貿易關係的包定教授提醒，一帶一路計畫中鐵路、港口等基礎建設的承包商幾乎都是中國企業，原料資材都來自中國，就連勞工也都是中國人。

　　其實在推動一帶一路計畫之前，北京已向國際大放高利貸。有德國最具影響力智庫之稱的「基爾世界經濟研究院」（Kiel Institute for the World Economy）曾經指出，2000 至 2017 年中國對其他國家放貸飆升 10 倍，從不到 5000 億美元飛漲至超過 5 兆美元，而且發展中國家向中國貸款約達半數爲隱藏債務。此外，北京大多透過國企向海外放貸，收款人也多爲國企，貸款國家對於他們向中國貸款的數字與詳情往往不明——數十低收入國家的債務惡化高於預期，中國貸款是主要推動因素之一。

　　如今北京發放全球的高利貸似乎已經成爲收買全球戰略物資、佈局戰略要地的利器，世界正爲此付出沉重代價。

2020 年 9 月 16 日

53

戰狼外交很成功？
14 國民調：對中國負面觀感驟升

疫情衝擊全球之際，近期一份重要民調顯示，14 個先進國家對中國的負面觀感驟升。民調報告指出，中共當局對疫情處理不當、人權紀錄惡劣以及「戰狼外交」，都是主要原因。

美國皮尤研究中心（Pew Research Center）於 10 月 6 日發布跨國民調指出，接受調查的 14 個先進國家受訪者大多對中國沒好感。

皮尤研究中心成立於 2004 年，總部位於美國華盛頓特區，是美國著名的民調與智庫機構，主要關注全球民意、網路與美國生活、民眾與媒體、新聞學、宗教信仰與公眾生活、西班牙裔、社會與人口統計等七大領域。較爲重要的研究計畫包括歐洲社會調查、國際社會調查、世界價值觀調查。

中國與習近平國際形象惡化

這份民調於 6 月 10 日至 8 月 3 日進行，訪查全球 14 個國家的 14276 位民眾，參與國家包括歐美地區的美國、加拿大、英國、法國、德國、挪威、瑞典、丹麥、西班牙、義大利、匈牙利，以及亞太地區的日本、韓國、澳洲。皮尤中心委由蓋洛普公司（Gallup）以及位於美國麻州的 Abt Associates 以電話調查，誤

差範圍在 3.1 至 4.2 個百分點。

　　民調發現，所有受訪國對中國持負面觀感者皆超過半數，其中有五國超過七成五。此外，包括美國、加拿大、英國、法國、德國、瑞典、義大利、韓國、澳洲等九國對中國的負面看法，爲皮尤中心 2002 年進行此項調查以來史上最高點。

　　皮尤中心報告指出，近年許多發達經濟體對中國負面看法增加，過去一年更爲明顯，中共對病毒大流行的隱瞞與處理不當、惡劣的人權紀錄，以及強硬外交立場，都是對中國負評驟升的主因。受訪者平均有 61% 認爲中國對疫情處理不當，導致新冠病毒之災厄擴散全球，並且竟有高約八成（78%）不相信中國國家主席習近平會「在國際事務做正確的事」——顯見習近平國際信用掃地。

　　對中國負評比例最高的國家是日本（86%），其次爲瑞典（85%）、澳洲（81%）、丹麥（75%）、韓國（75%）。此前五順位國家對中國的負評皆高達 75% 及以上。在這些接受調查的先進國當中，即使是被視爲參與一帶一路計畫、對中共政權友好，對中國的負評比率最低的兩個國家，對中國之惡感也都遠超過五成，分別爲西班牙（63%）以及義大利（62%）。介於中段的七國，對中國之惡感則介乎 74% 至 70%，差別不大，例如英國（74%）、美國（73%）、加拿大（73%）以及荷蘭（73%）等等。

　　受訪的 14 國民眾平均而言，高達 73% 對中國沒好感。相較於去年的調查，部分國家今年對中國之惡感飆升，例如近年加緊警惕中共紅色滲透的澳洲比去年遽增 24%（57% 至 81%）；英國對中國持負面看法者比去年激增 19%（55% 至 74%）；美國民眾則增加 13%（60% 至 73%）。

此外，對於習近平的「負面觀感」，與去年相較，美國民眾激增 27%，澳洲民眾增 25%，義大利民眾增 21%，其他國家增幅也相當顯著。被國際普遍認為近年過於倚賴中國經濟利益的義大利，對習近平負評比率之高令人意外。

而在特別受到矚目的美中關係方面，美國對中國 73% 的負評比率，是 15 年來最糟紀錄。本調查也強調，美國總統川普上任至今，美國民眾對中國的負評激增兩成。

美國青年對中國負評比率首次過半

事實上，今年皮尤中心針對「中國因素」已經進行多次民調，特別頻繁的調查凸顯了疫情爆發對中國涉外關係的重大影響，以及皮尤中心對相關議題的重視。

7 月底《BBC 中文網》曾經報導，皮尤中心於 6 月中旬進行的調查指出，今年自 3 月以來，美國民眾對中國反感程度提升7%，若向前推進兩年，兩年來反感程度激增 26%，為 2005 年開始調查美國民眾對中國觀感以來，反感程度之最高點。據指出，美國民眾對中國觀感在 2012 年的調查仍持平，次年便明顯傾向對中國反感，而 2012 年 11 月 15 日正值習近平上任掌權。

此外，皮尤中心於 6 月 2 日發布一份 3 月至 5 月進行的調查，顯示約有五成美國民眾認為疫情重擊中國國際聲譽，反之認為中國將強化影響力者僅有 17%。

皮尤中心分析，10 月 6 日發布的民調結果顯示，受訪國家民眾對「中國處理肺炎疫情」相當不以為然，認為中共對疫情不僅隱瞞事實而且處置不當。值得注意的是，18 到 29 歲的美國民眾竟有 56% 自稱對中國持負面印象，這是皮尤中心調查有史以來，

美國青年對中國的負評比率首次過半。

　　近年每當中共當局遭遇國際批評壓力，從習近平到中共外交部發言人的制式簡化反應皆為「海外一小撮政客見不得中國發展的刻意抹黑」，並且輔以大外宣大內宣煽風點火打輿論戰，鮮少就事論事、針對受評議題妥善解說。

　　如今看來，這些老招儘管中共還是會重複使用，但是主要國家民眾不僅越來越不相信，甚至已經高度反感，中共迄今如果還是自我感覺良好，其末梢神經失靈之嚴重恐怕已經藥石罔效。

2020 年 10 月 12 日

54

中澳「戰起來」？中共加倍霸凌，澳洲如何迎戰？

在澳洲與中國關係緊張之際，中國外交部發言人趙立堅在推特貼出諷刺澳洲之假圖，引起澳洲朝野同仇敵愾。數日之後澳洲國會通過新法案，授予聯邦政府否決地方與外國達成協議之權力，反制中國用意明顯。近年兩國外交衝突事件不斷，澳中關係已如雪上加霜。

趙立堅於 11 月 30 日上午高調推文，附上中國作者所繪假圖，畫面為澳洲士兵用澳洲國旗包覆阿富汗牧羊男孩、緊抓其頭部並擺出匕首割喉之慘忍動作，藉以諷喻日前由澳洲軍方發布的軍紀調查事件。根據《澳洲新聞網》（News.com.au）報導，該調查發現澳洲軍隊於 11 年之間非法殺害 30 多名阿富汗平民與俘虜。

中共在澳洲傷口灑鹽

趙立堅推文直言「阿富汗人民及俘虜慘遭澳洲士兵謀殺消息令人震驚」，敦促澳洲等國家「停止藉人權問題搞政治操弄」，並且保證會幫阿富汗受難者討回公道。趙立堅此利用澳洲軍紀調查的突發舉措彷彿在澳洲傷口灑鹽，除激起澳洲朝野強烈反彈，也引來美國等多國共同譴責，甚至於網路跨國串連喝澳洲紅酒運動以支持澳方。

澳洲總理莫里森（Scott Morrison）迅即於記者會譴責趙立堅對澳洲軍方與國旗的羞辱是「令人厭惡的詆毀」，表示「中國和澳洲無疑存在緊張關係，這不是處理緊張關係的方式」，強調「這十分令人震驚，沒有任何藉口可以合理化這種行徑。」「中國政府應該為此訊息感到羞恥，這讓他們在世界的形象受損。」

根據澳洲媒體報導，最近勤於審查過濾政治言論的推特，不但對於趙立堅引發國際糾紛的假圖文沒什麼意見，甚至拒絕澳洲正式要求刪除該則訊息。

莫里森為抗議中國外交部推假圖文惡意造謠，於 12 月 1 日晚間利用「微信」（WeChat）發文解說緣由，除力挺澳洲軍方，並向澳洲華人社群表達「就事論事」的善意。結果微信於 2 日上午突然封鎖莫里森帳號，理由是「內容涉及煽動、誤導或違反客觀事實」、「歪曲歷史事件」。莫里森總理辦公室證實所有貼文一夕之間全遭刪除，此間約有 5 萬用戶瀏覽過。

或屬巧合，12 月 3 日澳洲國會通過新法案，聯邦政府自此有權否決地方政府與外國達成的協議。根據《路透社》指出，該法案授權澳洲聯邦政府阻止州政府、議會、機構與外國政府達成任何不利澳洲外交關係與政策之協議。

由於曾在 2016 年與中國四川省締結友好關係的維多利亞州，去年罔顧澳洲聯邦政府反對，私自與中共簽署「一帶一路」合作協議，引發澳洲政界軒然大波，以及「五眼聯盟」國家之特別關切，因而此法案被輿論認為是為防制中國侵犯澳洲權益，縱使澳洲當局否認針對任何國家。

近年中共對澳洲組織化的「紅色滲透」變本加厲，導致澳洲當局對於中國在澳洲政府、大學、商界、媒體與社區等大量干涉

加強警戒，然而由於累積數十年來過度依賴中國市場與複雜的政經關係，也讓澳洲面臨極大「轉型」陣痛與壓力。

澳洲面臨極大「轉型」壓力

今年肺炎疫情爆發之後，澳洲率先要求國際社會重視並調查疫情大流行源頭，中共被觸動敏感神經，隨即對澳洲展開報復行動，不僅威脅日益嚴厲，並且限制大量澳洲產品，11 月擴大波及葡萄酒、大麥、木材、棉花、牛肉、龍蝦、煤炭等產業。

此外，建制派《香港經濟日報》11 月底指出，近期中國商務部初步裁定澳洲進口葡萄酒傾銷，進口商要繳交 107.1% 至 212.1% 比率的保證金，澳洲貿易部形容中國此舉將給澳洲葡萄酒行業帶來「毀滅性打擊」。

而根據澳洲銷量最高的《澳洲人報》（The Australian）報導，由於中共當局清關緩慢，11 月前三週澳洲出口中國的煤炭總量近乎停擺，驟降約 96%。從上月 500 萬噸降至 19 萬噸，逾 80 艘運煤船被滯留在中國港口，無法上岸的船員約達 1500 名，滯留 880 萬噸煤炭總值約 11 億澳元（約合 8.2 億美元）。

中共原本拒絕回應滯留澳洲煤炭原因，直到 11 月 26 日趙立堅聲稱「進口煤炭環保不合格情況較多」。澳洲貿易部長伯明翰（Simon Birmingham）對此反駁表示，澳洲煤炭能通過「任何可信的檢測」，伯明翰擔憂中共的貿易措施，重申「自由貿易協定的所有條款以及澳中之間的世界貿易義務，都應得到維護和尊重」。

另一方面，近期澳洲則通過系列嚴格法律，阻止外國與代理人之對澳洲政局之惡意干涉，限制外國在澳投資，加強防禦外國

網路攻擊。雖然澳洲當局未指名針對中國，但是現實不言自明。

對此，中共官員則刻意向澳洲媒體公布文件，內容列舉對澳洲當局的種種不滿，指責澳洲「毒害雙邊關係」自食其果，這些不滿包括資助「反華」研究、2017年澳洲情報組織警告中共滲透澳洲決策、2018年宣布禁止使用華爲設備、限制中資投資基建農牧，以及今年批評北京抗疫疏失與敦促各國聯合調查疫情源頭、暫停香港引渡協議、參與美日澳印在印太區域聯合軍演等等。

美國大選風波未定，加上「區域全面經濟夥伴協定」（RCEP）終於搞定，中共似乎一鼓作氣，亟欲趁機鞏固亞太勢力，蘿蔔棍棒齊落，一方面造訪日韓，一方面加緊打壓香港民主派、教訓「反華急先鋒」的澳洲。如今中共已經擺明不把澳洲當朋友，澳洲必須覺悟不能再被中共分化滲透、予取予求，積極團結國內外盟友支持力量，挺過對中關係轉型陣痛期。

2020 年 12 月 4 日

55

香港政經大海嘯下看到
中共的燦爛冷笑

　　中國全國人大代表 4 次會議於 3 月 11 日表決通過《關於完善香港特別行政區選舉制度的決定》草案。該「決定」有 2895 票贊成，1 票棄權，沒有反對。中國全國人大代表再度彰顯其北京「橡皮圖章」功能，並且將此「橡皮圖章」強行複製到香港政經體制。

　　經過北京「蓋章」之程序，香港已經全面赤化，數十年民主自由法治信任蕩然——2021 年的 3 月 11 日，是香港 311 政經大海嘯之日。

香港 311 政經大海嘯

　　在近幾年香港經歷雨傘運動、佔中、反送中等大規模反抗北京加強專制之民主運動後，北京終於不顧《基本法》，對香港選制開刀，以排除泛民主派參選機會，並且全面掌握香港行政立法司法三權，香港不僅正式淪為中共專制下的「一國一制」城市，政經情勢甚至比中國大城市更為緊張詭譎。

　　此「決定」是繼去年 6 月港版《國安法》之後，中國全國人大對香港所推動又一重大控制措施。根據「決定」，中國人大常委會將修改香港《基本法》附件一「行政長官的產生辦法」以及

附件二「立法會的產生辦法和表決程序」。香港政府將根據此修改後內容修改香港本地法律，預計修改細節將在數月內公布。

中國全國人大通過此「決定」雖在國際輿論預料之中，仍令群情譁然。《自由亞洲電台》迅即報導已故中國領導人鄧小平在1990年說「香港50年不變」之影片以資對照，諷刺失信的習近平政府跨越時空推翻鄧小平之承諾。

《自由亞洲電台》指出鄧小平在1990年談到尚未移交中國的香港，親口應允「不會變，不可能變。……不是說短期不變，是長期不變。就是說50年不變。」、「50年之後更沒有變的道理！」

報導也指出，在香港回歸4年之後，當時中國國務院總理朱鎔基強調：「一個沒有信用文化的國家，怎麼能夠建立市場經濟呢？」朱鎔基甚至在2002年對港府官員慷慨陳詞：「如果香港搞不好，不單你們有責任，我們也有責任！香港回歸祖國，在我們的手裡搞壞了，那我們豈不成了民族罪人？」

然而香港主權移交給中共僅不到24年，北京卻通過此扼殺「一國兩制」與《基本法》的「決定」，進而減少香港立法會的民主代表比例、淪為點綴，並將引進多重候選人審查機制，以篩檢對中共效忠的香港政治人物，重組香港特首選舉委員會與立法會——名義上稱是打造「香港特色新民主選舉制度」，實則扼殺香港民主自由法治。

「愛國者」才能完善「一國兩制」？

如今，中共當權者態度和鄧小平與朱鎔基當年陳詞迥異。中國國務院總理李克強在3月11日表示，人大的決定很明確，就是要堅持與完善「一國兩制」制度體系，始終堅持「愛國者治

港」，也是為了確保「一國兩制」行穩致遠。

國際社會譴責此「決定」聲浪不斷。英國外交大臣拉布（Dominic Raab）譴責中國「害人害己」，後又發佈官方聲明譴責中共再三違背《中英聯合聲明》。七大工業國（G7）外長 3 月 12 日呼籲中國遵守對香港的承諾，停止壓迫民主人士。

歐盟 3 月 11 日對此警告將對中國採取「額外步驟」。歐盟外交和安全政策高級代表波瑞爾（Josep Borrell）呼籲中國及港府恢復大眾對香港民主的信心，停止起訴民主人士，並在代表 27 個成員國的聲明中指出：「中國全國人大今天的決定，將對香港的民主問責制度及政治多元性帶來重大衝擊。」、「歐盟感到遺憾，屬於香港認同及繁榮核心的基本自由、民主原則及政治多元主義，正面臨當局不斷施壓。」

美國政界則稱北京對香港自治發動了「直接攻擊」，共和民主兩黨多位國會議員甚至要求國務卿布林肯在將臨的美中高層會談應向中共施壓。美國國務院 3 月 11 日發布聲明譴責：「中國全國人大今天決定單方面改變香港的選舉制度，是對《中英聯合聲明》承諾香港自治的直接攻擊。」、「這些行動通過限制政治參與、減少民主代表、扼殺政治辯論，使香港人在自治中失去發言權。北京的行動也與《基本法》中香港應『走向普選』的規定背道而馳。」

然而中共對這些國際譴責持續蔑視。例如港澳辦副主任張曉明聲稱此「決定」像是對香港的「微創手術」——「創口小、恢復快、療效好」；中共官媒《環球時報》社論則形容此為「刮骨療毒」、「相信香港的治理將從此翻開新的一頁」，並指這是「對美英狂妄目標做出的堅定回答」，令不少香港人怒斥「中國才是

放毒國」。

　　《環球時報》社論甚至輕蔑地揚言，「美英手裡的牌早被北京摸透，他們的攻擊缺少後勁，可用強弩之末概述之。他們既奈何不了整個中國，也毀不了香港的繁榮」。

　　從去年 6 月頒布港版《國安法》開始，甚至更早之前，北京亟欲改造香港政經體制，早已有跡可循，如今顯然是擺明了硬幹。

　　兩相對照，國際社會對於中共打擊香港民主法治的譴責彷彿「對牛彈琴」，中共官府與官媒對於西方國家關切香港局勢的「奚落」顯示，有備而來的中共早已不介意讓「港人治港」的承諾淪為國際笑話，甚至來自中共的燦爛冷笑，恐怕比國際社會的擔憂與苦笑來得更為張揚。

2021 年 3 月 16 日

56

歐美智庫警告！中共「農村包圍城市」滲透民主社會已久

　　美國和歐洲兩家著名智庫最近分別發布研究，對於中共利用西方國家政體民主多元等特點，長期有計畫地拉攏各國地方政府以及產官學研，從所謂「次國家層級」瓦解對中政策，卻被過度輕忽，提出鄭重警告。

　　根據《美國之音》等媒體報導，美國智庫「捍衛民主基金會」（The Foundation for Defense of Democracies, FDD）以及歐洲最大中國研究智庫德國「墨卡托中國研究中心」（MERICS）最近不約而同警告，中共對各國政府的抗中政策進行類似「農村包圍城市」、「地方包圍中央」之滲透戰略。

長期利用地方政府產官學研影響政策

　　上個月墨卡托中國研究中心在題為《小池塘裡的大魚：中國在歐洲的次國家級外交》（Big fish in small ponds: China's subnational diplomacy in Europe）報告指出，中國在許多歐洲政策上刻意繞過歐盟機構和各國中央政府，與中央層級以下的各級政府——難以數計的地區和城市——穩定拓展，並建立多種夥伴關係。也因為來自中國的投資、研發以及政治、文化交流相當可觀，使得歐洲地方政府基本上對北京保持歡迎態度。

　　在美國，立場被視為跨黨派、鷹派和新保守主義的捍衛民主基金會，其資深研究員皮卡西奇（Nathan Picarsic）發現，雖然近年美中兩國關係迅速惡化，從白宮到國會，美國聯邦等級的政界領袖基本上一致抗中，但是許多地方政府卻迥然不同。

　　皮卡西奇指出，中共利用地方政府作為影響華府政策的工具，短期希望能向聯邦政府施壓，長期而言，地方政府官員未來可能成為親中共的國家領導人物。

　　例如，在 11 月 30 日，中國外交部與中國美國商會、上海美國商會、美中貿易全國委員會、美國各州駐華協會代表進行視訊會議，中國外交部副部長謝鋒竟然直接要求美國官員與代表「發聲出力，仗義執言」，希望「朋友們」影響拜登政府取消對中國所加徵的關稅、停止對中國企業制裁、停止抵制北京冬奧，並且阻止美國國會通過涉及美中競爭的法案，如《美國創新與競爭法案》（USICA）等，毫不掩飾其統戰野心。

　　謝鋒要求美國代表們推動美國當局奉行理性務實的對中政策，停止打貿易戰、產業戰、科技戰，停止製造價值觀、意識形態、地緣政治衝突。謝鋒並且警告，在涉及新疆、香港、西藏、台灣等問題上，中方沒有妥協餘地，希望美國商業團體發揮影響力，敦促美方堅守「一個中國政策」。

　　謝鋒宣稱對中國未來充滿信心，慫恿與會代表快速行動，做推動中美合作的「早起鳥」，告誡代表們「大樹底下好乘涼」，倘若兩國關係惡化，商界就不可能「悶聲發大財」。

　　不久之前，11 月 12 日《路透社》報導，中國駐美國大使館曾經致函美國企業高管，要求施壓美國國會反對《美國創新與競爭法案》等和中國相關的議案，要脅美國企業倘若這些法案成

立，他們將面臨在中國失去市場的風險。

此外，在 12 月 2 日的美中貿委會年度晚宴時，中國駐美大使秦剛致詞表示，中美經貿關係本質是互利共贏，希望共同將「蛋糕」做大，拓展共同利益，不應把經貿問題政治化，而應保持開放包容，呼籲美方儘快取消加徵關稅、摒棄「冷戰思維」。

中國外交部此等行動呼應了今年初中國國家主席習近平強調，在推進對外開放中，要注意「凡是願意同我們合作的國家、地區和企業，包括美國的州、地方和企業，我們都要積極開展合作，形成全方位、多層次、多元化的開放合作格局。」

美國務次卿指責中共並再度勸說企業界

然而美國主管經濟成長、能源與環境的國務次卿費南德茲（Jose Fernandez）隨即上台回應秦剛，指責中國產業政策無端將美國媒體平台和科技公司列入黑名單、報復美國企業、封鎖美國社交媒體平台，中國官員卻可以自由在推特等平台進行大外宣，並且勸說與會的美國企業代表不應該在美中競爭關係袖手旁觀，強調「請注意你們的活動會如何影響美國國家安全，以及我們所珍視的價值觀。」

費南德茲譴責北京利用國家補貼以及合資企業收購美國知識產權，強調「我們歡迎公平競爭，但不歡迎導致我們勞工和企業處於不公平狀態下的競爭。」

今年 3 月 26 日，川普政府的「中國通」、前白宮副國家安全顧問博明（Matt Pottinger）則曾經投書美國《華爾街日報》，以〈北京鎖定美國企業〉（Beijing Targets American Business）為題，警惕中共正加速拉攏美國企業影響華府決策。

捍衛民主基金會報告指出，中共威脅利誘美國地方政府已久，例如，2015年習近平在西雅圖的訪問就充分展現中國影響美國的戰略方向和多樣手法，這些做法具體包括包裝成推動中美友好關係的活動和論壇，例如：友好城市、網路論壇、首長論壇、企業家論壇等等——這和中共對台灣推動的雙城論壇、海峽論壇、企業家峰會等如出一轍，極為相似。

皮凱西奇表示，大家可以看到美國的民選州長在呼應中國所謂的「雙贏」，在美國為中國背書，中國繞過聯邦政府，以向地方政府投資的手法滲透美國商業生態系統，「有些交易本來要經過國家安全審查，但是在地方政府的就業機會、投資資金等掩飾下，這些交易往往輕易過關。」

中共在國際向來熱衷宣導「雙贏」概念，但是早被已看穿伎倆的美國政界高層譏為中共的雙贏是要「讓中國贏兩次」。例如前司法部長巴爾（William Barr）去年7月中旬即向美國企業界鄭重警告，如果為了在中國的短期利益過度迎合中共，將會協助中共擴大影響力，終將失去利益，甚至危及美國安全。

歐美兩家著名智庫此時揭示中共包圍戰略的報告，猶如接棒賽跑，究竟為何而跑？值得世人持續警惕。

2021 年 12 月 10 日

57

對中共抱持綏靖態度的北約也變了

針對俄烏戰爭，北大西洋公約組織（NATO，簡稱北約）近日在比利時首都布魯塞爾召開緊急峰會，再度呼籲中共「不要以任何方式支持俄羅斯」。這是北約有史以來對中共最急切而且嚴厲的警告，顯示北約對中態度已經趨於強硬。

北約於 3 月 24 日召開緊急峰會，30 個盟國領袖發表三點聯合聲明，包括持續軍援烏克蘭、強化東歐部署、同意北約成員國增加國防支出。聲明強烈譴責俄羅斯入侵烏克蘭，要求普丁立即停戰撤軍，敦促白俄羅斯停止共謀，並且以「三個不要」呼籲中共——不要以任何方式支持俄羅斯軍事行動、不要擴大傳播俄羅斯的虛假宣傳、不要助俄規避制裁。

北約是 1949 年 4 月 4 日在美國華府由 12 國聯合簽署《北大西洋公約》之組織，此最初 12 個締約國是北約創始國，後續有 18 國陸續簽署加盟。《北大西洋公約》的重點是第五條款（Article V）——盟國承諾「針對任何成員國發動的武裝攻擊應被視為對全體成員國發動的武裝攻擊」——當時主為防範蘇聯對歐洲的大規模武裝攻擊。

北約呼籲中共對俄「三個不要」

　　根據《法新社》與《英國廣播公司》（BBC）報導，在北約緊急峰會前一天，北約祕書長史托騰伯格（Jens Stoltenberg）點名中國，應該與各國一同譴責俄羅斯入侵烏克蘭這場「殘酷戰爭」，而非在經濟與軍事上支持俄羅斯。史托騰伯格表示「中國已向俄羅斯提供政治支持，包括公然散布謊言和錯誤訊息，北約擔心中國可能為俄羅斯入侵提供物質支持。」「希望歐盟領導人呼籲，要求中國履行作為聯合國安理會成員國的責任，不要支持俄羅斯的戰爭。」

　　《美國之音》報導，中國雖然認同維護烏克蘭主權，卻也積極附和俄羅斯對「北約東擴」說法，利用網路平台擴大宣傳俄羅斯的謊言，史托騰伯格 23 日當天表示，北京既然選擇加入莫斯科，預計「我們也將會處理中國在此危機中的角色」。

　　從這場緊急峰會可見，北約終於強硬起來，明確定位並且昭示了中共在俄烏戰爭中「助俄為虐」的角色，並且發出強烈警告。

　　俄烏戰爭爆發以來，北約並非首次警告中共。3 月 15 日史托騰伯格曾經公開呼籲北京明確譴責俄羅斯入侵烏克蘭，別向莫斯科提供任何支持，強調「中國應與其它國家一同強烈譴責俄羅斯對烏克蘭的野蠻入侵。」「俄羅斯入侵烏克蘭公然違反國際法，中國作為聯合國安理會成員國，有義務支持和維護國際法。」

　　針對北約緊急峰會的呼籲，中共雖然不敢掉以輕心、急忙撇清，但卻是另闢戰場，將焦點轉向美國。中國國防部 3 月 24 日於微信連發數篇文章，宣稱北約指控「中國軍援俄羅斯」以及「中方知情且縱容俄羅斯入侵烏克蘭」的說法，都是「抹黑中國」的

假消息。

中共撇清卻轉而指控美國

中共把所謂抹黑中國的矛頭對向美國。中國國防部發言人吳謙宣稱，中方在烏克蘭問題上的立場一貫明確，一直是勸和促談，要求「美方立即停止這種造謠污衊、無事生非的卑劣行徑。」

吳謙趁勢加油添醋，呼應俄羅斯指控美國在烏克蘭擁有多處生物實驗室，進行生化武器研究，要求華府應該「給世界一個交代」，反控美國「這些重大原則問題，絕不是一句輕飄飄的『虛假信息』就能搪塞過去的。」

同日，中國駐歐盟代表團在官網聲明，強調北約批評中國傳播俄羅斯假消息是「煽風點火，唯恐天下不亂。」複誦近期中國外交部一貫說法宣稱「時間將證明，中方站在歷史正確的一邊。」並且反問「北約又做了什麼？」

中共無視在中俄聯手指控生物實驗室議題之初，美國白宮已經鄭重澄清脈絡，不僅刻意迴避北約之指控，更是模糊事件焦點、轉移世人視線。

過去三十年來，北約幾乎所有成員國皆受益於中國崛起的經濟成長紅利，加上向來以蘇聯與俄羅斯為主要假想敵，對於中共的惡性擴張多抱持綏靖態度，因而成為中共分化滲透的重地，畢竟削弱北約即能「打擊美國在歐洲的影響力」，而這正是中共稱霸國際政治的重要戰略目標。

如今北約部署在烏克蘭西部邊境附近的兵力已經超過 25萬，烏克蘭奮勇抗俄震撼北約，不僅凝聚北約對抗俄羅斯之意志，強化北約的戰鬥行動能力，也讓北約更能順勢洞悉中共的野

心，對躲在俄羅斯背後上下其手的中共更為警惕，不論中共如何頑抗辯駁、自圓其說，北約與盟國聯手加強反制中共，將是大勢所趨。

2022 年 3 月 30 日

58

中國全球掃糧
推升國際糧價還造成缺糧

　　俄烏戰爭導致糧食危機惡化，饑荒風暴恐將席捲全球，國際政經風險驟升，此時長期厲行囤糧政策的中國特別受到關注，近來忙著反駁過度「廣積糧」之指控，但難自圓其說。

　　俄羅斯入侵烏克蘭以來，兩大農業國衝擊全球糧食供應備受矚目，如今多地饑荒果然迅速惡化，5 月 19 日農業分析機構 Gro Intelligence 執行長門克（Sara Menker）通知聯合國安理會，全球大約只剩 10 週的小麥儲備，糧食危機急拉警報。

俄烏戰爭惡化糧食危機

　　門克表示由於主要作物價格飆漲，今年全球面臨「糧食不安全」人數增加 4 億，警告「如果不採取一致行動，即使戰爭明天結束，糧食安全問題也不會很快解決。」

　　世界糧食計畫署執行主任畢思利（David Beasley）也警告，全球現在有 43 個國家約 4900 萬人鬧饑荒，隨之而起的政治動盪已在斯里蘭卡、印尼、巴基斯坦、秘魯等地發生。

　　俄羅斯與烏克蘭是全球主要糧食供應國，兩國供應全球 19% 大麥、14% 小麥、4% 玉米，兩國小麥供應總量逾全球四分之一。

　　俄羅斯狂轟烏克蘭並且封鎖黑海港口交通，烏國糧食難以耕

種、無法出口，波及去年豐收的小麥產量庫存，烏克蘭農業部副部長維索茨基（Taras Vysotsky）指出，1300 萬噸玉米和 380 萬噸小麥無法順利出口，至少損失 15 億美元。

英國《經濟學人》5 月以封面故事報導，俄烏戰爭令原已嚴峻的糧食危機雪上加霜，若不緊急挽救，恐將擴大饑荒災情長達數年之久，建議各國避免祭出保護政策自掃門前雪、積極運用替代方案（例如降低生質能源替代比率），並且由團結國際力量說服俄羅斯、烏克蘭、土耳其三國，讓烏克蘭糧食得以出口。

中國囤糧全球付出高昂代價

此外，《經濟學人》4 月 9 日也特別刊文警告，全球糧食最大消費國中國大舉囤糧，推升全球糧價並且導致多國缺糧，已讓全球付出高昂代價。

這篇〈當中國憂心糧食，全球付出代價〉文章指出，因為武漢肺炎疫情、地緣政治緊張以及水患嚴重威脅中國糧食供應，加上近年與重要糧食供應國美國、澳洲、加拿大等外交衝突，以及俄烏戰爭的衝擊（烏克蘭去年供應中國高達 29% 玉米與 26% 大麥），使得近期中共多次強調恪遵中國國家主席習近平指示，要「中國人的飯碗任何時候都要牢牢端在自己手中」。

曾經飽受饑荒之苦的中共為餵飽十多億人口，多年來除了力求增產還全球掃貨大舉囤糧。全球糧價在俄烏戰前早已飆升，聯合國糧農組織（FAO）今年 1 月 6 日表示，2021 年全球糧價暴漲 28% 至近 10 年高點，今年回穩機會渺茫，與中國全球持續掃糧難逃關係，如今戰事拖延更是惡化。美國農業部（USDA）預估到今年年中，中國將擁有全球 69% 玉米、60% 稻米以及 51% 的

小麥儲備，只為滿足約為全球 18% 的中國人口。

去年 11 月中國國家糧食和物資儲備局糧食儲備司司長秦玉雲表示，中國正將糧食庫存維持在「歷史高位」，宣稱「我們的小麥庫存可以滿足 1 年半的需求。糧食供應沒有任何問題。」而根據中國海關總署數據，2020 年中國進口食品（不包括飲料）達 981 億美元，是 10 年前的 4.6 倍，去年 1 月至 9 月，中國進口的食品量高於 2016 年以來的總量。

日本《日經亞洲》去年底指出，過去 5 年中國從美國、巴西等供應國大舉採購糧食，中國大豆、玉米和小麥進口量猛增 2 至 12 倍，牛肉、豬肉、乳製品和水果的進口成長 2 至 5 倍，而過去 10 年中國的糧食儲備增加約兩成，表明中國持續囤糧。日本自然資源研究所所長柴田明夫（Akio Shibata）直指中國囤糧是全球糧價高漲主因之一，日本的中國農業問題專家高橋五郎（Goro Takahashi）則表示中國農地分散、汙染、生產效率低，以及農民大量移居城市，糧食自產能力持續停滯。

中共將糧食作為混合戰武器？

中國囤糧規模遠超合理比例，造成糧價飆漲以及多國缺糧，遭致國際社會關注甚至指責，不知是否中共自覺承擔不起，多次反駁過度「廣積糧」之指控。

例如 4 月 12 日北京新浪網轉載香港《南華早報》文章〈中國沒有囤積糧食〉，認為面臨極端天氣、航運中斷、國際制裁以及衝突，北京對糧食安全的空前重視是種「謹慎選擇」，中國不應為全球糧價上漲或者區域糧食短缺「背鍋」，極力撇清中國囤糧疑慮。

　　該文誇讚中國以全世界 7% 的耕地養活全球約 20% 人口是「了不起的成就」，然而中國每年仍然必須進口更多農產品，旨在「彌補結構性短缺」，是建立在中國糧食增產基礎上的「必要調劑」，與所謂「大規模囤糧」無關。

　　文中並且援引專家估計目前中國對海外糧食、肉類和乳製品依賴度分別為 19%、9% 和 30%，由於人均 GDP 迅速成長以及城市化等因素影響中國食品消費，全球動盪衝擊糧食和關鍵農產品供應鏈，中國提升糧食儲備勢在必行。

　　中國在國際掃糧、併購相關企業並且大舉囤糧至少 10 年，向來引發操控價格、外交工具、預備變局等多方臆測，近年中國掃糧囤糧更是變本加厲，遠超合理程度，國際輿論驚覺中共恐將糧食作為混合戰（Hybrid Warfare）的武器，如今中共對不合理的囤糧數學問題顯然避重就輕，不但難以自圓其說，反更彰顯其惡行。

2022 年 6 月 5 日

59

中國爛尾樓一路爛到倫敦

中國近期「爛尾樓」以及停貸潮恐將迅速蔓延國際。英國最大中資地產商近日爆發違約，歷經近 10 年、投資額逾 600 億台幣的東倫敦大型開發案胎死腹中，被倫敦當局收回土地，中國在英國風光一時的最大開發案留下大爛尾。

2013 年進軍英國的中國地產商「總部基地」（Advanced Business Park，ABP）在倫敦東部的皇家阿爾伯特碼頭（Royal Albert Dock）、預定總投資額 17 億英鎊（約合 640 億台幣）的「ABP 亞洲商務港」開發案，於 2019 年 4 月完成第一期工程後毫無進展，已經確認違約，倫敦當局終止協議正式收回用地，總部基地倫敦分公司進入清算程序，遭索欠款至少 4500 萬英鎊。

東方投資人的大爛尾燈塔

今年二月，這項號稱「中資在英國最大開發案」的東倫敦重建計畫瀕危已甚囂塵上，英國輿論指出開發案遲滯多年，甚至傳出財務危機，恐怕爛尾。該案原定在東倫敦 35 英畝區域建設辦公大樓、商店和住宅。

2013 年 5 月，時任倫敦市長、日前宣布辭去首相的強生（Boris Johnson），與中資總部基地控股集團董事長許為平簽約。

該計畫是中資地產商首次進軍英國,宣稱將在東倫敦皇家阿爾伯特碼頭周邊打造成第 3 大金融區,預估創造三萬個就業機會,為英國經濟貢獻六十億英鎊。

總部基地在 2013 年與倫敦簽下該最大開發案之前幾乎名不見經傳,如今中國總部基地在北京、青島、海寧江南分公司都傳出違約或是遭凍結股權與資產。

中國《財新網》報導,英國倫敦「ABP 亞洲商務港」計畫的開發商為「總部基地」,然而總承包商是中信建設,其為中國中信集團(CITIC Group)控股子公司,而中國中信集團是大型綜合國企龍頭,1979 年經鄧小平倡導和批准後,經中國國務院批准創辦,中國財政部代表國務院履行出資人職責。

英國《衛報》今年 2 月 5 日報導指出,「ABP 亞洲商務港」計畫是強生擔任倫敦市長期間最大一筆商業地產交易,強生當時志得意滿、信誓旦旦地承諾該計畫將成為「東方投資人的燈塔」,總部基地也高調宣稱將在該計畫投資 20 億英鎊(約合 769 億台幣),不過幾年,如今淪為「東方投資人的大爛尾燈塔」。

倫敦議會工黨議員德賽(Unmesh Desai)和自由民主黨議員皮金(Caroline Pidgeon)批評,該計畫原應是東倫敦皇冠上的明珠,現在卻是鬼城,令人非常失望,當局應調查問題緣由以及是否涉及弊端。

爛尾爛帳潛藏金融系統風險

大規模爛尾工程以及爛尾樓現象在中國早已不是新聞,近期因為房企違約與爛尾問題過於嚴重,加上房價下跌,屋主與相關業者信心崩潰,大量眼見建案停擺,要不回頭期款的屋主串連

「強制停貸」，寧可失去銀行信用甚至觸法，也不願再幫爛尾樓續繳房貸，短短一個月「停貸潮」迅速擴及數十城市的數百建案，停貸者已達數百萬。

中國此波停貸潮早有跡象，前年即已傳出不少停貸事件，去（2021）年 4 月 2 日《路透社》報導，中國河北涿州市建案「華夏幸福」預購屋主因為建商未依宣傳承諾修建往返北京的鐵路工程，拒絕再付房貸，相關停貸屋主約達千人，後來不幸的華夏幸福發生高達 57 億美元的債務違約，受害屋主血本無歸欲哭無淚。

今年 6 月底，爛尾樓屋主串連停貸行動在江西爆發，一個月來中國各地受害屋主串連響應，蔓延之快之廣令當局不敢大意。

7 月 11 日，中國新浪財經頭條〈對抗爛尾樓的最後一招〉一文揭露 6 月 30 日江西景德鎮停貸事件，多達 900 戶的屋主面對恆大開發已停工 14 個月的爛尾問題求訴無門走投無路，試圖抱團扭轉乾坤。數日之內武漢、西安、深圳、鄭州等城市爛尾樓屋主紛紛跟進停貸。

根據《彭博社》於 7 月 13 日報導，花旗集團（Citigroup Inc.）分析師陳俊瑋（Griffin Chan）發布報告指出，截至 7 月 12 日中國至少已有 8 個省區 22 個城市的 35 個建案屋主強制停貸。

當天《人民日報》旗下的《證券時報》以〈謹防爛尾樓盤停供風險擴散〉為題評論指出，預售屋主集體停貸群起仿效，如果持續蔓延將重擊房市，屋主、房企、銀行皆受其害，恐怕更危及金融系統。中共主流官媒的緊張焦慮相當罕見，顯示此波停貸潮不容小覷。

7 月 14 日，中國銀保監會表示高度重視「個別房地產開發商發生延期交付的情況」，認為關鍵在於「保交樓」，強調當局會

協同引導金融機構管控風險，防杜爛尾、確保交樓，然而輿論認為當局聲明的維穩意義遠大於實質助益，長期積弊難以解決。

7月16日《美國之音》報導，數日以來中國已有至少21個省區的52城市發生兩百餘建案發生停貸事件，數百萬屋主停貸，而後補充截至7月18日已有超過25個省區315個建案的屋主加入停貸行動。澳洲澳新銀行（ANZ）估計這波中國停貸潮所涉金額高達1.5兆人民幣。

從中國近期「爛尾樓」停貸潮到英國東倫敦的六百億中資大爛尾，都是系出中共、重擊金融體系的爛攤子，這還未述及中資在一帶一路的許多基礎建設爛尾工程衝擊參與國經濟，中國爛尾導致呆帳與停貸惡化層出不窮，並且恐將迅速蔓延國際。

2022 年 07 月 30 日

60

國際輿論紛紛反過來
「再教育」盧沙野

台灣企業家曹興誠日前痛批中共軍演，慨捐 30 億加強台灣國防士氣，抨擊「中共本質是地痞流氓」；不久前中國駐法大使盧沙野現身說法，狂言若統一台灣將進行「再教育」，囂張行徑震驚國際，正可體現中共之極權惡質。

美國眾議院議長裴洛西（Nancy Pelosi）訪問台灣之後，中共實施軍演恫嚇台灣，發射 11 枚導彈之次日（5 枚掉到日本經濟海域），8 月 5 日曹興誠宣佈將捐贈 30 億台幣協助台灣加強國防以及民心士氣，並且抨擊「中共行徑囂張跋扈」、「中華人民共和國是一個仿冒成國家形式的黑社會組織」，希望喚醒台灣人「不貪財、不怕死」，為維護自由民主人權起來戰鬥。

曹興誠直言，「台灣有些人是鴕鳥心態，以為頭埋在沙裡不去惹他們，對岸就不會動武；也有人是投降派，反正打不過不如投降苟存性命；最糟的是贊成統一，以為可以實現充滿排外的所謂的偉大復興中國夢。」

曹興誠：中共本質是地痞流氓

曹興誠表示這些人或許無知、膽怯、懦弱、或是被中共收買，不願看見或者承認中共心態與本質就是地痞流氓，批評「中

華人民共和國是一個仿冒成國家形式的黑社會組織」、「正常文明國家推崇法治、民主、自由，像中共這樣的仿冒國家，崇拜的卻是極權、欺騙、仇恨、暴力。」

曹興誠以中國外交部、中國國台辦、《環球時報》前總編之態度為例，指出針對裴洛西訪台，殺氣騰騰兇狠傲慢，證明中共所謂「兩岸同胞血濃於水」是禁不起考驗的謊言。

當時曹興誠並未特別點明的是，日前震驚國際的中共「撒野」案例——8月3日中國駐法大使盧沙野針對裴洛西訪台，在法國電視台 BFM 專訪中表示，倘若統一台灣要進行「再教育」，好讓台灣人變回「愛國分子」再度支持統一。

8月5日《德國之聲》根據英國《獨立報》（The Independent）以及美國《國家評論》（National Review）報導指出，盧沙野宣稱裴洛西訪台是「不必要的挑釁」「裴洛西是美國總統第二順位繼承人，顯然不是非正式訪問」，並且和主持人馬歇爾（Alain Marshall）的激動交談中說出「統一後，我們要進行一次再教育。」（Après la réunification, on va faire une rééducation）。

盧沙野認為如今台灣反對統一主因「民進黨散布了很多反華宣傳」，相信「再教育」之後，台灣民眾會越來越願意接受北京統治，越來越「愛國」。也許盧沙野自知理虧，還刻意擺出友善姿態補充表示「任何再教育的努力都是和平的」、「不會受到威脅」、「這不會是大規模再教育」。

話既出口，如火燎原。盧沙野「再教育」醒世謬言暴露中共極權恐怖，迅即遭到國際輿論抨擊，紛紛站出來給盧沙野上幾堂課，闡述民主自由法治，以及文明社會價值。

根據台灣《中央社》巴黎專電，歐洲議會安全與國防小組委

員會主席洛瓦索（Nathalie Loiseau）推文指出「對於那些因裴洛西造訪台灣而憤怒的人，我建議他們把怒氣留給中國大使的荒誕言論，他說將不顧台灣人民意願強行統一並且進行『再教育』。著實令人憤慨！」

法國中間派「民主運動黨」（Modem）國會議員博帝（Frédéric Petit）強調絕對不能對盧沙野的言論輕易放過，「此話徹底令人震驚、引起公憤。我們知道以『再教育』之名發生過多少暴行，他心裡有數。」

無國界記者組織（Reporters Without Borders）法國總部主席韓石（Pierre Haski）諷刺盧沙野的法文雖溜，但未能掌握『再教育』這詞對西方觀眾的衝擊——「這話非常凶惡，這是毀滅性的說法！」

法國國際關係研究所（IFRI）亞洲研究中心主任朱利安（Marc Julienne）則對中央社表示，所謂「再教育」令人想起二戰、蘇聯以及毛澤東時代的痛苦歷史，以及中國對新疆維吾爾人的再教育，盧沙野這番話對法國觀眾是非常駭人的聲明，強調「用強迫手段改變人民思想，不只是威權，更是極權！」

朱利安認為此言不僅讓法國人看清中國的企圖，也很可能是策略錯誤，盧沙野恐怕再度重創自己與國家形象。

盧沙野助陣台獨成效不斐？

所謂「再度」乃因中共戰狼外交官盧沙野多次以兇惡說法「撒野」闖禍，有違外交禮儀以及常理，重創「自己與國家形象」。

兩年多前武漢肺炎爆發之初，盧沙野引西班牙案例謊稱中國外交官目睹法國養老院放任居民死於飢餓和疾病，事後當時

法國外長勒德里昂（Jean-Yves Le Drian）召見盧沙野表達法國之憤慨與抗議；去年法國外交部亦曾召見盧沙野，主因干涉法國政要訪問台灣，騷擾謾罵法國策略研究基金會（FRS）學者邦達茲（Antoine Bondaz）是「小流氓」（Petite frappe），盧沙野悍拒道歉。

　　或許世人有所不知，此時盧沙野在中共對台軍演威脅之際，對於所謂統一台灣的毀滅性恐嚇，霎時讓厭惡中國霸凌統一的台灣人又多了不少百分比，讓台灣親中團體難再宣傳統一，盧沙野在法國戮力助陣台獨，經年累月成效不斐，已經揚名國際。

　　奉勸台灣各界此後不僅要對盧沙野特別關注與體諒，對其在台獨的貢獻還要多多鼓勵，畢竟外交是門高深的政治藝術，凡夫俗子實難理解在敵我之間爾虞我詐的辛苦。在此且祝盧大使官運亨通，為複雜的台獨事業持續發揮創意、再攀高峰。

2022 年 8 月 9 日

61

中國對中東歐的威逼利誘已經失效

　　立陶宛去年退出與中國的「17＋1」合作機制，並呼籲各國跟進。8月11日同屬波羅的海三國的拉脫維亞與愛沙尼亞終於也宣布退出，中東歐合作機制國家對中國亦難掩疑慮，顯示中國的威逼利誘已經失效。

　　中國國家主席習近平上任之際，中國於2012年主導與中東歐國家建立領袖會晤機制，以做爲成員國每年定期合作與發展基礎建設之平台，波羅的海三國都在當年加入，2019年希臘申請加入形成「17+1」合作機制，統稱爲「中國－中東歐國家合作機制」。

　　去年五月，立陶宛因爲「駐立陶宛台灣代表處」掛牌等友台事件招致中國威脅，與中國決裂，率先退出中東歐合作機制。

波羅的海三國退出中國合作機制

　　愛沙尼亞與拉脫維亞宣布退出，導致中東歐合作機制國家減至「14+1」。對此，愛沙尼亞聲明「決定不再參與中東歐國家與中國的合作機制」，並且「在符合基於法規的國際秩序與人權等價值觀之前提下，持續努力與中國建立建設性和務實的關係。」愛沙尼亞並且強調自去年2月峰會之後，就未再參加該機制任何會議。

　　拉脫維亞則聲明指出「鑑於拉脫維亞目前對外貿易政策的重點，決定停止參與中東歐國家和中國的合作機制。」並表示「拉脫維亞將持續在藉由互利、尊重國際法、人權，以及基於法規的國際秩序之合作下，與中國建立建設性和務實的關係。」

　　因為力挺台灣以及呼籲各國退出合作機制而遭到中國制裁的立陶宛，其外交部長藍斯柏吉斯（Gabrielius Landsbergis）在愛沙尼亞與拉脫維亞退出後推文指出「在立陶宛退出之前，中國的17+1機制早已是多餘和分裂的。」並強調應以「歐盟27+1」取代目前的14+1，意即面對中國威脅利誘，歐盟應該團結一致。

　　立陶宛近年多次呼籲中東歐合作機制國家，與中國交往應以「歐盟」為本位，以免遭到中國分化滲透、逐一擊破。至於中國對立陶宛連續發動貿易戰，藍斯柏吉斯強調這是對西方與歐盟國家的挑戰，中國惡行不該被姑息，並且表示中國此舉反而刺激立陶宛致力改善出口結構多元化，今年前6個月對印太區域的出口總額已較去年同期成長六成。

　　目前「14+1」成員國有9個歐盟國家，包括匈牙利、保加利亞、克羅埃西亞、捷克、希臘、波蘭、羅馬尼亞、斯洛伐克和斯洛維尼亞；另有5個非歐盟國家（地區），包括阿爾巴尼亞、塞爾維亞、波士尼亞、赫塞哥維納、蒙特內哥羅以及北馬其頓。

　　近期中東歐合作機制成員國對中國疑慮驟升，例如五月捷克外交部長利帕夫斯基（Jan Lipavsky）批評中國輕諾寡信，曾經承諾大量投資和貿易合作，十年來皆未履行，捷克國會外交事務委員會五月當時曾經通過決議要求捷克政府退出合作機制，此決議已經進入外交部審議階段。8月12日捷克國會參議院外交委員會主席費雪（Pavel Fischer）貼文強調，現在是捷克追隨波羅的海

三國退出中東歐合作機制的好時機。

捷克：台灣才是重要的經濟夥伴

此外，根據台灣中央社轉述，捷克歐洲事務部長貝克（Mikuláš Bek）8 月 10 日在奧地利《新聞報》（Die Presse）專訪中表示中國並非可靠的夥伴，中資影響力不大，相較之下，台灣才是重要的經濟夥伴。

貝克強調歐洲與中國往來要特別小心，不要誤以為中國是可靠夥伴、犯下跟俄羅斯往來相同錯誤，並且呼籲歐盟，為因應中俄結盟以及俄羅斯加強對中國依賴之態勢，有必要擴大與西方各國合作。

2020 年 8 月底疫情高峰期間，捷克第二號政治人物（捷克憲法規定參議院議長位階僅次於總統，高於總理）參議院議長維特齊（Miloš Vystrčil），以及布拉格市長賀吉普（Zdeněk Hřib），在親共的捷克總統齊曼（Miloš Zeman）批評「幼稚的挑釁」施壓之下，率領數十人訪問團進行友台訪問長達一週，維特齊並且在台灣立法院演說時以中文說出「我是台灣人」，備受國際矚目。隨後不久，2021 年 1 月捷克宣布禁止中國參與 5G 網路與新核電廠招標。

捷克實行內閣制，總統主要是禮儀性職務，實權不及總理。齊曼以親中聯俄反美知名，備受捷克反共人士批評，然而去年底捷克新總理勝選上台後持續調整外交路線，7 月高調迎接台灣立法院長游錫堃訪問團即為顯例，新任總理菲亞拉（Petr Fiala）曾經多次批評齊曼過度傾中，強調捷克若不能堅持價值觀，不僅將失去西方盟邦，更得不到中國尊重。

　　中東歐國家對來自中國的威脅利誘已經看破手腳、失去信任，除了倡議十年、誘之以利的中東歐合作機制未能履行承諾，橫掃中東歐的一帶一路不如預期也是重要因素，尤其今年二月以來，中國對於俄羅斯入侵烏克蘭的種種支持，更使得備受俄羅斯威脅的中東歐國家猶如芒刺在背，對這些國家而言，俄羅斯不僅喚醒對蘇聯時期共產極權之深層恐懼，更是對烏克蘭實行種族滅絕的恐怖主義國家，而中國已是俄羅斯窮兵黷武的幫凶，中國失去中東歐國家信任是咎由自取，情勢已定，無法逆轉。

2022 年 8 月 27 日

62

輪到 IMF 成爲「一帶一路」冤大頭

在經濟發展頓挫、債務陷阱惡名昭彰等諸多負面因素影響下，中國「一帶一路」進度停滯、呆帳頻傳，近期取消多項投資案，撤回大約台幣八百億資金，力圖轉向投資，顯見一帶一路深陷自掘泥淖，已經越陷越深。

日前中國財經傳媒《財新》專訪絲路基金總經理王燕之，指出近年肺炎疫情流行對部分投資衝擊風險難免，目前收緊放貸退出 15 個投資案，總金額 25 億美元（約合台幣八百億）。王燕之強調此舉是爲了「守住不發生重大風險事件與國有資產安全底線」、「維持良好國際形象」以及「資產靈活運用」。

投資轉向　規模萎縮

絲路基金是中國掌管一帶一路資金之主要機構。弔詭的是，王燕之指出最近只是調整戰略目標，並未停止投資新案，例如 7 月初已經和印尼投資局簽署投資協議，計畫將投資 200 億人民幣或者等值外幣，與印尼合作開發新首都相關建設，可望在今年 G20 峰會中敲定在印尼的首筆投資。

此外，絲路基金還代表一帶一路積極進軍中東能源領域，王燕之表示去年絲路基金以 124 億美元收購沙烏地阿拉伯國有石油

公司沙烏地阿美（Saudi Aramco）新成立的阿美原油管道公司的
49% 股權，並且以 155 億美元參與貝萊德實務資產子公司、沙烏
地 Hassan 投資公司所率領的全球投資者財團，收購沙烏地阿美
天然氣管道公司 49% 股權──此兩大投資案將促進中國一帶一路
與沙烏地阿拉伯的合作。

印度媒體 The Print 則於 9 月 3 日指出，中國商務部數據顯示
今年上半年藉由一帶一路對外投資金額同比減少 11.77%，對俄羅
斯、斯里蘭卡和埃及的投資更是掛零，最大投資目標轉向沙烏地
阿拉伯，並以能源領域為主。

儘管《財新》描述在印尼與中東的新投資規模相當可觀，中
國當局仍然難掩一帶一路國際信任危機，以及面臨爛尾、難以回
收高額貸款之事實，前景悲觀。

日前《華爾街日報》報導，全球疫情、俄烏戰爭、經濟趨緩
以及通膨飆漲等因素，導致多國難以償還中國鉅額貸款，將有數
百億美元貸款淪為呆帳，許多一帶一路開發案也已停滯。

《華爾街日報》指出大約十年以來中國在一帶一路累計耗資
1 兆美元（約合台幣 31.8 兆），迄今已如深陷泥淖，為此中國一
帶一路轉趨保守，稱之為一帶一路 2.0（Belt and Road 2.0）。

此外，中國的兩國好兄弟俄羅斯與巴基斯坦，已經淪為鉅額
呆帳淵藪，足令中共頭疼不已。日本《日經》指出，神戶大學教
授梶谷懷（Kai Kajitani）表示由於西方制裁等因素，俄羅斯的貸
款可能變成呆帳，而經濟瀕臨崩潰的巴基斯坦尚欠中國 233 億美
元債務餘額，已屆違約邊緣。

《日經》另指出，截至 8 月底中國雖稱擁有外匯儲備總額
3.05 兆美元，實際上此數包括借給開發中國家以及金融流動性不

足窮國之貸款，由於這些國家債務持續惡化，中國外匯儲備很可能迅速萎縮，對此中國當局縮減其龐大放貸規模，根據世界銀行指出，2020 年中國給中低收入國家的新增貸款僅為 139 億美元，較 2018 年的歷史高位驟降 58%。

深陷自掘泥淖　難掩信任危機

英國《金融時報》報導，美國波士頓大學全球發展政策中心（The Boston University Global Development Policy Center）最新報告指出，2022 年至 2028 年全球 55 個最窮國家應償還貸款高達4360 億美元，其中約 610 億美元將於今明兩年到期，這些窮國紛紛向聯合國組織「國際貨幣基金」（IMF）求援，其中已經債務違約的尚比亞、斯里蘭卡、黎巴嫩、俄羅斯、蘇利南等 5 國都是一帶一路參與國。另有三個參與國迦納、埃及及突尼斯，已經與IMF 進行早期協商。

成立於二戰之後 1945 年底的 IMF，主旨為穩定國際金融體系，職能除了監督各國金融現況與政策、協助建立制度，還包括撥款紓困援助有難國家，與世界銀行並稱世界兩大金融機構。

國際專家憂心，IMF 對情勢嚴峻的窮國難以見死不救，截至今年 8 月底，放款金額已達 1400 億美元（約合台幣 4.42 兆），已經同意但尚未撥款總額則高達 2680 億美元（約合台幣 8.47兆），兩者總計逾 12 兆台幣，IMF 金援能力恐將逼近極限，其中許多債務與一帶一路脫不了關係——如今若說 IMF 淪為被迫幫窮國還錢給中國一帶一路債務陷阱的冤大頭，恐不為過。

中國透過一帶一路讓許多國家踩入債務陷阱，自身也深陷鉅額呆帳泥淖，卻仍持續故技重施，大撒幣投資新案。雪上加霜的

是，中國擺闊多年以來同時向亞洲開發銀行（亞銀）等機構裝窮借錢，這類欺世盜名的發財之道恐怕再也行不通。

《日經》指出，多年來中國經濟成長，在亞洲基礎建設影響力增強，在國際市場籌資不難，甚至還能向許多國家提供金援——絲路基金在印尼與中東的投資案即是最新案例——多國專家認為不應讓中國繼續取得亞銀貸款。

中國在亞銀是僅次於印度的第二大貸款國，截至去年貸款餘額已經高達 196 億美元（約合台幣 5880 億），佔亞銀貸款餘額總額 14%，去年中國又獲得 18 億美元的新信貸。亞銀總裁淺川雅嗣 8 月接受《日經》專訪表示中國資格恐怕已經不符，亞銀明年將討論停止貸款給中國。

中國玩弄一帶一路債務陷阱擴張地盤的政經遊戲已有十年，迄今深陷泥淖仍然不斷投注新目標，雖然看似樂此不疲，其實只是苦苦維繫著借錢撒錢以債養債的面子遊戲，而這些新目標若淪為下一個因債務惡化破產的斯里蘭卡，也將不足為奇。

2022 年 10 月 13 日

文章出處

▋ Part 2：數位威脅・鋪天蓋地

▌ Part 3：歷史事件 · 見縫插針

Part 4：美中對抗・無可逆轉

▌Part 5：國際警惕・如夢乍醒

公民社會系列 06

破局
中共赤化與國際覺醒──吳奕軍評論集

作　　者：吳奕軍
社　　長：鄭超睿
發 行 人：鄭惠文
編　　輯：李怡樺
封面設計：海流設計

出版發行：主流出版有限公司 Lordway Publishing Co. Ltd.
出 版 部：臺北市南京東路五段 389 巷 5 弄 5 號 1 樓
電　　話：(02) 2766-5440
傳　　眞：(02) 2761-3113
電子信箱：lord.way@msa.hinet.net
劃撥帳號：50027271
網　　址：www.lordway.com.tw

經　　銷：
紅螞蟻圖書有限公司
臺北市內湖區舊宗路二段 121 巷 19 號
電話：(02) 2795-3656　　傳眞：(02) 2795-4100

華宣出版有限公司
新北市中和區連城路 236 號 3 樓
電話：(02) 8228-1318　　傳眞：(02) 2221-9445

2023 年 5 月　初版 1 刷
書號：L2303
ISBN：978-626-96350-8-5（平裝）
Printed in Taiwan

國家圖書館出版品預行編目資料

破局 : 中共赤化與國際覺醒 : 吳奕軍評論集 =
Breakthrough / 吳奕軍著. -- 初版. -- 臺北市 :
主流出版有限公司, 2023.05
　　面 ;　公分. --（公民社會系列 ; 6）

ISBN 978-626-96350-8-5（平裝）

1.CST: 中國大陸研究　2.CST: 言論集

574.1　　　　　　　　　　　　112006645